滿級分作文煉金術

擺脫千篇一律的寫作模式，寫出亮眼好文章

「黃秋芳創作坊」資深作文老師　**陳禹安**————著

目錄

AI世代的寫作煉金術師

鄭智仁（高雄醫學大學語言與文化中心
助理教授，詩人）

　　欣聞禹安老師推出新書《滿級分作文煉金術》，這是一本引導式作文的高階祕笈，其寫作緣於現今ChatGPT的快速崛起，當AI可以快速生成各種文章，而人們還需要經過思考才能給出答案，使得整個世界莫不受到極大的衝擊。偏偏笛卡兒（René Descartes）早已告訴我們，所謂「我思故我在」。而政治哲學家漢娜‧鄂蘭（Hannah Arendt）也曾表示，人與動物的差異，就是人可以帶著思考去行動。假如有一天，人類不再需要動腦思考，將會是何種境況？而我們究竟與AI的差異又是如何？

　　從小到大，我們或許寫過不少篇作文，只不過寫來寫去，總是一成不變的套用公式，要不就是默誦格言佳句、引經據典或堆砌辭藻，不僅為賦新詞強說愁，說到底就是失去了寫作的「本心」。尤其面對強調素養的教學現場，我們是否可以擁有「不一樣」的精采說法？這便是禹安老師想要突破長期以來作

文寫作的傳統窠臼，希望讓讀者成為一名不被AI機器人取代的寫作煉金術師。

翻閱這本禹安老師精心編纂的祕笈，首先必須做好如何成為寫作煉金術師的心態準備：「書寫作文，就是書寫生活。」然後，像是開啟導航App，當輸入出發點及目的地後，就此展開一場作文的大冒險之旅。特別是面對當前常見的「引導寫作」，種種審題陷阱宛如地雷般存在，禹安老師不僅給出了判讀「引導說明」的六個關鍵要領與四個判題法則，猶如錦囊妙計，教我們學會如何避開陷阱，以免稍有不慎而誤踩之外，更精心傳授寫作三要素的口訣「事件→感覺→見解」。誠如禹安老師所言，一篇好的文章其實還包含了「敘事、抒情、說理」的成分。她並以這些年的作文題目為例，表示除了靠近自己，描繪自己的自畫像，也要把眼光放遠，留心社會時事、國際政局，不能只著重個人生命經驗，還需要好奇周遭的變化與發展。

然而，要出發探險來尋找深海大祕寶，不單只是依循指示而已，尚且需要更多的「創意」。因此，除了要有自己的個性之外，亦須逐步累積閱讀的能量，畢竟杜甫曾說過：「讀書破萬卷，下筆如有神。」當基本功有了，而創意更是要從「不斷發現新的可能」開始，方能識破日常的侷限，正所謂處處留心

皆學問，法國藝術大師羅丹（Auguste Rodin）不也說過：「這世界並不缺少美，而是缺少發現。」

本書最為人津津樂道的是關於作文結構的煉金術，無論從審題到擬題，從開頭到結論，不外乎就是「內容、結構與修辭」的展演，並搭配相關範文的解說，尤其禹安老師格外強調「變化」，而萬變不離其宗，便是牢牢抓緊「對照」的訣竅，就像打通了任督二脈，假以時日，必定可成為一名優秀的寫作煉金術師。

《牧羊少年奇幻之旅》有句動人的話語：「當你真心渴望某樣東西時，整個宇宙都會聯合起來幫助你完成。」本書就是重要的寶典，當你真心懷著想把作文寫好的夢想，正是天助自助者，其實就是透過寫作來認識這個世界。面對AI時代來臨，如何穿越這片廣漠浩瀚的大海，禹安老師不僅已將金針度人，猶且為大家披荊斬棘，化繁為簡，闢出一條閃亮的煉金之路。

寫作文，活出
非「量產型」的人生風景

陳禹安

　　從事作文教學多年，每星期都有近百篇的「海量」作文需要完成批閱，這樣的工作模式，經常引來朋友充滿同情關切的眼神，好奇探問：「日復一日批改這麼多孩子的作文，妳難道不會膩嗎？」

　　我，還真的一點都不曾厭膩過！這當然不是因為我習慣戴上一層溫柔濾鏡看待孩子的不成熟作品。相反地，我時常被他們萌發的創意和巧思給深深震盪著，忍不住慨嘆：這要是當年的我，絕對想不出來！

　　我深深相信一件事，每一個踏進作文教室裡的孩子，與每一位翻閱《滿級分作文煉金術》的讀者，最後都會不約而同萌生絕不寫「量產型作文」的信念。由於我實在太過害怕批閱那些毫無個性、區別不出差異的「量產型」文章，為了避免陷入無趣、無奈、無動力批改作文的恐怖迴圈裡，甚至淪為一名有害社會的厭世作文老師，我總是竭盡所能地讓每個人都明白：

即便我們都身不由己地活在量產化的物質世界中，但我們仍然擁有不被量產化的精神選項可以選擇，我們有能力寫下非量產型的個性作品，展演並活出獨特的人生風景。

這就是我每星期批閱近百篇作文，還始終樂此不疲的關鍵魔法。每一個作文題目都藏了一個豐富多元的世界，由或大或小的孩子們驚豔演示。最喜歡紅筆在作文簿上跳起「藤蔓圈圈舞」的飛揚時刻，那一句句被圈圈繞繞的佳句，很能夠取悅、療癒我，縱使再多的作文簿洶湧壓境而來，我也不怕，我知道這裡頭一直有星亮的光在閃閃爍爍。

《滿級分作文煉金術》這本書，收藏了許多曾經深刻觸動我的燦亮作文取材與原文。有很多創作坊新生家長，在閱讀孩子的作文簿後，總會帶著既驚喜卻又不那麼篤定的心情提問：「這是他自己寫的嗎？」連家長都百思不得其解孩子為何會有這麼驚人的轉變，我卻清清楚楚看見改變的關鍵力量在於信任與自由。當我交付他們如何掌握寫作的關鍵元素「內容、結構、修辭」之後，接下來便是停止過度的引導和干預，我選擇信任孩子會寫出有創意、有特色、能展現個人風格的作品，信任即使大家都寫同一個題目，也會有千百萬種不同的取材角度、論述觀點、深邃延伸與體悟。也唯有足夠的信任，才能創造無限的寫作自由，當然這種自由可不是毫無節制的任由它縱

恣發展，它必須禁得起眾人的檢視，必須具有存在的意義與價值。整本《滿級分作文煉金術》便是基於這樣的教學理念，書寫而成。

很喜歡2022年日劇小品《量產型璃子——模型女子的人生組裝記》，發現這齣劇和臺灣的108課綱素養理念「自發、互動、共好」簡直不謀而合，根本像是專程宣揚108課綱精神而打造的廣告劇啊！劇中女主角璃子是個朝九晚五上班族，上司一個口令，她便一個動作，一有空總是滑手機看社群寵物萌照，最在意今天午餐要吃什麼，可說是一個平凡無奇的量產型女子。直到她因好奇走進矢島模型店（自發），意外愛上組裝模型的世界後，開始有滋有味地過著看似平淡，實則已經慢慢起了化學變化的有趣人生；下班後她與該店老闆、助理姊姊共度的每一個組裝模型的夜晚（互動），更成為她解決職場問題、生活難題、人生困境的關鍵力量；她甚至還把身旁親近的人一起拉入組裝模型的深坑中，透過拼組、塗裝、改造模型的過程，感受生活有活水灌注的神奇體驗（共好）。

我在《滿級分作文煉金術》中也根據108課綱的素養理念，將歷年寫作測驗的寫作主題分成「自發：自我檢視」、「互動：我與他人的連結」、「共好：我張望並參與這個世界」三類，目的是想告訴每一位考生：寫好作文之前，一定要先好好

過生活，把看似乏善可陳的每一天都過得特別，學會放大、珍惜並嘗試創造更多生活的活水。而當每一天都有故事可說、有話想分享時，信手捻來即是吸睛亮眼、絕不可能量產的寫作素材。

　　寫作文，像極了組裝模型的歷程，即使是剛入門的新手，也能夠玩得過癮、盡興唷！最記得《量產型璃子》劇中，璃子因為暗戀公司的一位前輩而感到不知所措，心想或許只要「變可愛」就能提升暗戀成功的機會，她決定到矢島模型店尋找變可愛的答案，為此買下一盒「Love Live！學園偶像計畫」中的南小島模型進行組裝。當南小島這位火紅的日本二次元女歌手被璃子一點一滴拼組完成後，她並不滿意，總覺得還少了些什麼，這才一步步想像、摸索出自己心中的可愛定義。璃子以眼影筆為南小島刷上淡淡的粉嫩臉妝，在不一定能夠一眼瞧見的手指、手肘處也仔細上妝，同時還在南小島的裙擺處和手拿的氣球上點綴著發光的碎鑽、亮片。費了一番工夫，由璃子一手打造設計的南小島這才真正可愛誕生，不僅跳脫最初的量產模型設定，也讓南小島活出非量產型的獨特生命風景。

　　察覺到了嗎？即使是帶著煩惱面對生活難題，也可以因為自己想活得過癮、盡興，使得沾滿灰塵的難題被擦拭出歡愉發光的一面，雖不一定能順利解決問題，但絕對可以讓生活變得

更快樂一些。

　　創作坊國三孩子楊舒寒，擁有出色的寫作能力，不但下筆快，文章篇幅也很長，但她因為太過緊張而無法發揮平日在創作坊的寫作水準，作文成績總是不如預期。最近舒寒決定主動出擊戒除這個毛病，當寫作測驗卷發下時，除了和平常一樣圈選容易忽略的寫作關鍵字及題意要求外，她進一步在作文考題旁寫下六字口訣，那六個字分別是「主題、層次、意象」，這正是我在課堂上反覆提醒孩子們要注意的「內容（主題）、結構（層次）、修辭（意象）」啊！舒寒將它整理成應考寫作口訣，提醒自己務必思索：要以什麼作為書寫主題？要如何凸顯文章的層次感？要用什麼樣的文學意象穿走全文？當她一直反覆扣著六字寫作口訣時，文章必然有明確的主軸，意象必定精緻動人，也一定有層次分明的出色內容呈現。果不其然，舒寒終於順利拿下模擬考五級分的佳績，我甚至認為這樣持續自我提醒的舒寒，考六級分也是易如反掌的事。

　　仔細一想，舒寒比璃子幸運太多，學生作文問題的解方單純許多，成人感情難題的解方則相當複雜，舒寒以六字寫作口訣成功拿下作文五級分，璃子即使已明白可愛的要領，仍舊告白失敗。不過，人生就是因為這些交錯的成功與失敗才顯得有趣有意思啊！一如印度文學家泰戈爾（Rabindranath Tagore）詩

句「當烏雲擁吻著光，隨即變成了天上的花朵」，當人懂得把過往不幸的、失敗的經驗視為生命的祝福，便有機會揮別陰鬱，擁抱晴光。

如果，你現在剛好遭逢寫作瓶頸低潮期，或根本不知道該如何寫作文，別懷疑，翻讀這本《滿級分作文煉金術》就對了！你得到的將不只是寫好作文的訣竅，還會找到活出快樂人生的指引。

最後，謝謝這本書最重要的催生者秋芳老師，謝謝時時刻刻催促我要戮力保留孩子們精采文字足印的黃秋芳創作坊，謝謝每一個被我選錄在書裡的創作坊孩子，以及每一位翻讀《滿級分作文煉金術》的讀者。

卷一

煉金術師必備
的導航 App：
精確審題

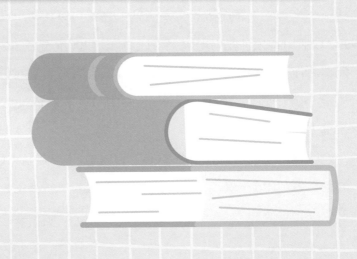

第1章

掌握引導式作文的
意義與要領

一 成為不被AI機器人取代的寫作煉金術師吧！

當ChatGPT於2022年末橫空出世，在2023年初便立即引起全球關注熱議，這款聊天機器人只花短短不到兩個月的時間，便擁有多達一億位的使用者，當紅社群軟體Instagram可是花了整整兩年半的歲月才達到同樣的用戶人數。這一陣AI聊天機器人旋風，內建比元宇宙更強大便利，且可立即感受的力量朝人們迎面襲來，它不只陪我們聊天，還能幫我們整理資料、寫新聞、做報告、寫作文、寫詩、想劇本、創作小說、寫程式……，幾乎人類能做的文字活動，它都可以代勞。截至2023年2月中旬為止，亞馬遜線上書店有超過200本書將ChatGPT列為合著作者，且持續增加中，更有科幻出版業者宣布暫停接受短篇小說投稿，只因一個月內收到由AI生成的稿件內容高達38%！

就連日本著名經典漫畫《ONE PIECE》（中譯名：航海王）的創作者尾田榮一郎，也因為想不出下週的《航海王》劇情，

而對ChatGPT下了「請幫我想一個超級有趣的劇情發展」指令，沒想到ChatGPT第一次提供的劇情內容竟被尾田榮一郎直接以「太無聊！」為由狠狠拒絕，機器人不屈不撓又想出第二個版本，總算獲得尾田榮一郎的認可。尾田榮一郎使用ChatGPT的方式，才是這款AI聊天機器人被發明的初衷：它是幫助人類的工具，能夠提升我們的工作效率。而無論它提供什麼樣的內容，我們需要擁有判斷力判定其優劣；不只如此，當它提供一個我們不曾想像過的點子時，也只能視為一種參考資料，以刺激自己發想更出色的點子，千萬不要跟進模仿。要知道ChatGPT的資料源自於大量的網路內容，一旦盲目援用，將導致我們淪陷「抄襲」的暴風圈而不自知。更何況當人人都懶得「自己想」，改請機器人代勞時，這世界會有多少面目相似、讀來令人厭倦疲乏的AI生成「量產型」作品呢？

當人類擁有超強的AI聊天工具配備，使得文字能夠更輕易、快速地被生成量產時，我們更需要認真凝視、思索寫作之於自己的意義和價值。寫作將不再只是為了應付學校作業和考試，寫作能夠證明我們是活得有個性、有創意，且擁有不被AI機器人取代的獨特靈魂。

對於小學生、國中生、乃至於高中生而言，此時此刻正處於寫作力養成的最佳黃金階段，不妨想像自己是《航海王》中

與魯夫同行的隊員，立志成為一名寫作煉金術師，無畏艱難地奔赴一場又一場的海洋冒險。每一個作文題目都是一次珍貴的航海體驗，皆能紮實強化自己的作文煉金術技能，透過每一次的訓練，相信我們最終必能得到那藏在深海裡的大祕寶。

書寫文字，亦是書寫自己的生命歷程。當我們圓滿寫作能力的同時，也將圓成自我人生，活得更有意義、更有價值。

● 二 成為寫作煉金術師前的心態準備

每一個寫作煉金術師，為了不在茫茫的寫作測驗大海上迷航，必須先配備精準的導航App，好練成精確審題的重要能力。在使用導航App之前，我們得先輸入、定位自己出發的位置，亦即先想清楚我們要懷抱什麼樣的決心和行動，投入這場漫長的作文煉金術旅程。

生命中的大大小小考試，幾乎都全心全意等待標準答案的填入，唯獨寫作測驗不同，它沒有所謂的「正確答案」，它只是睜大一雙把關的眼，期待看見「不一樣」的精采說法。

唯有成為一個不寫千篇一律文章的人，我們才有能力練成滿級分作文煉金術，順利通過會考、學測以及人生的每一場考驗。

首先，我們可以這樣反覆詢問自己：

1. 除了不斷讀書、考試之外，我是否還擁有一處私人的閣樓，裝載著記憶、感知，以及思考日常生活點滴的能力？

2. 我能夠寫出「像自己」的文章，且不再寫下那些像戴著一張張辨識不出彼此面具的千篇一律作文嗎？

再想想看，面對日復一日，重複而又平凡的學生生活，我們還有機會活得和別人不一樣嗎？答案是肯定的！只要我們願意相信：**書寫作文，就是書寫生活**。那麼我們每一個人的生活，都是別人無法複製的生命風景，它像一只飛翔在天空的風箏，而握緊線頭的人正是我們自己。

擁有檢視自我的書寫能力，才是寫作測驗的主要目的，同時也是所有考生最珍貴的禮物。97年學測作文題目〈如果當時……〉，這是史上第一次沒有滿級分作品的考試！因為我們不曾留意生命中發生過的每一件事，無論是一個燦爛的笑容，或是心裡一處疼痛的傷口……，如果我們從不記憶、從不檢視這一路走過的風雨，我們如何寫出「像自己」的文章？又如何讓自己活得毫無遺憾？

我們平日要主動仔細觀察生活，並**常常針對那些「習以為常」的事件，發出許多疑問，尋找各種可能的**解答。比如說：我的世界，扣除掉讀書、考試、滑手機、打電玩、逛街、同學、朋友、家人、師長……，究竟還存在些什麼？我活得興高

采烈嗎？還是活得平凡、無聊？我要怎麼樣讓自己活得更豐富、更精采？像這類自問自答，有助於我們隨時觀察、思考、檢視自己的生活；我們會逐漸發現，生活中藏著許多功課，等待自己挖掘與學習，是它讓我們的生命風箏，越飛越高、越飛越遠。

當我們關注生活周遭，也就越靠近自己，**靠近自己，才能清楚描摹出只屬於自我的畫像，進而寫出像自己味道的文章。**一定要記得：生命風箏的線頭一直握在我們手中，我們有能力快樂而輕鬆地編織最美麗、最動人也最高遠的書寫瞬間。

此時，我們已定位好出發的位置，接下來，輸入即將前往的目的地，我們會發現每一個近處或遠方，都是一方等待被瞭解、探索的未知之地。當我們懂得關注生活周遭、學習靠近自己的同時，也別忘了把眼光放遠，留心人們正在熱議的社會現象及時事，瞭解過去、現在甚至未來值得商榷或等待解決的問題，關心國家局勢和相關的重要議題討論，觀察國際上的政局演變、全球極端氣候現象及其對世界可能帶來的影響……。這表示，我們不能只是看見自己和身邊的人，還要將視野拓展至社會、國家、全球，這也是成為一個作文煉金術師想要尋得深海大祕寶的重要通關密語。

觀察近幾年的寫作測驗題目，如103年會考〈面對未來，

我應該具備的能力〉、106年會考〈在這樣的傳統習俗裡，我看見……〉、108年會考的「青銀共居」社會議題思索，都一再提醒每一個學生，**我們不能只著重個人生命經驗的凝視與抒發，還必須好奇張望外界的各種變化和發展，加入自己的意見和想像參與世界，才能遊刃有餘地面對每一次的寫作測驗。**

篤定輸入出發點及目的地後，作文煉金術師尋找深海大祕寶的冒險旅程正式展開，一張指引煉金術師前行的導航地圖也出爐囉！這份導航地圖將帶領我們瞭解會考作文的命題類型和趨勢，只要學會精準掌握寫作要領，無痛寫出一篇五至六級分的好文章，一點都不難。

三 判讀引導寫作的關鍵要領

現行的會考寫作測驗以「引導式作文」作為命題方式，打開寫作試卷，除了作文題目之外，還有或長或短的「引導說明」字句，協助大家確認作文的書寫範圍與方向。值得注意的是，為了配合108課綱的素養導向教學，自106年起至今，國中會考作文題目與會考預示試題的「引導說明」呈現方式，已由「純文字」說明，改為生動活潑的沉浸式「圖＋文」說明。「圖」多為對話圖片，有時則是圖表，搭配簡單的「文字」訊息，可說是「引導說明」的進化版。目的在訓練大家培養跨領

域的綜合整理能力，懂得看圖整理文字訊息重點，或從圖表發現某一現象或趨勢，再結合自己的生活經驗與對社會的觀察，寫下自己的獨特觀點和感受。

判讀「引導說明」的六個關鍵要領如下：

1. 「引導」同時是另一種「限制」，它限制我們的寫作範圍和方向，因此務必一邊仔細閱讀試卷上的引導說明，一邊圈選關鍵字句加深印象，才能精確審題，避免離題悲劇。

2. 絕對不能將試卷上引導說明的條列文字，一條一條抄寫進稿紙裡，或是作為每一段的開頭句子。這些引導說明可不是現成的「**範文佳句**」，更不是「**段落大綱**」，一定要清楚明白它們都只是路標指示，一旦輸入腦中確認大概範圍和方向後，接著得靠自己將行走路徑與先後順序，一一拼湊出來。一定要特別注意的是，**只要是引導說明出現過的文字訊息，都必須當成極其無聊的「普遍材料」示範，絕對不可以使用**。我們要全力以赴想出一個全新的材料或觀點書寫，才有機會從眾多面目相似的文章中脫穎而出。

3. 留意圖片大標題，它大多揭露書寫的主題。但也有例外，大標題有時只是顯示圖片當下的情境而已，並非暗示書寫主題。因此，我們必須小心判讀，才不會導致離題慘案發生。

4. 根據引導說明所限定的範圍和方向，我們主動拉開腦袋裡的記憶櫃子，一格一格搜尋，**抽取出切合作文題目的「自我生命經驗」**（指發生在自己身上的事）**或「平日所見所聞」**（指不是發生在自己身上的事，而是自己看過、聽過且產生感慨或影響的事），一步步進行「事件的特寫」與「感覺的放大」，最後提出自己消化、沉澱過後的「精采見識」，以及可以展開的「抽象態度和具體做法」，便能成就一場動人的寫作旅程。

5. 會考與學測作文是以語文表達能力檢視「自我生活」及「我與旁人、社會、世界互動」的寫作測驗，而不是一場標新立異的新秀作家選拔賽。因此，我們無須涉險經營自以為創意十足，其實卻什麼都說得不夠清楚，或者跳接得太快的文章，以免在還來不及被閱卷老師理解的時刻，便慘遭淘汰。

6. 零對話的圖片，尤其充滿無限的想像空間，沒有「一定得如此解讀」的標準答案存在，這時務必勇於打破刻板印象，創造更值得所有人思考的觀點。仔細看下面這一張圖片，並根據該圖自訂一個作文題目，想想看，該訂什麼樣的題目比較好？

　　相信百分之九十以上的人一定會回答這張圖強調「堅持到底」、「永不放棄」的精神相當重要，訂的題目也不會脫離這個範圍，那麼，這便是落入刻板印象的陷阱了。創作坊學生王巧霖大膽逆向思考，她訂的題目是〈停止，不一定壞〉，並在文章開頭先點出大多數人看這張圖會有的反應，第二段則提出她的疑問：「為什麼大家都會假定那地道盡頭藏的一定是鑽石、寶礦？怎麼沒有人想過也許那礦石本身含有劇毒？一旦碰觸它便會使人中毒而亡？」哇！多麼精采的觀點，澈底翻轉所有人慣常的思考模式。這樣不按牌理出牌、勇於打破死板現狀的巧霖，日後果然順利拿下會考作文六級分的佳績！

　　只要我們看清楚作文題目，仔細閱讀引導說明，並認真剪裁生命經驗的切片，加入自己的感覺、見解和行動，一篇完整

的文章立刻能呼之欲出。如果寫作文也有口訣，必然是像這樣：

事件 ⟶ 感覺 ⟶ 見解

「事件」是我們的書寫材料。事件發生的當時，我們絕對不可能毫無「感覺」，無論是悲是喜，我們都要能夠細細描繪事件所帶來的強烈撞擊，或歡愉或傷痛，它一定對我們的生命形成了重要的意義與影響。事件過後，時間仍然繼續向前走，我們必須進一步思索人生的下一步，提出讓自己活得更好的態度與做法，這就是「見解」。

一篇動人的完整文章，一定包含「事件、感覺、見解」這三個要素，它們決定我們將如何震撼所有閱讀自己作品的人。

再從「事件、感覺、見解」三個要素來看，我們可以進一步發現，一篇好的文章其實還包含了「敘事、抒情、說理」的成分，三者缺一不可。我們可以用「記敘文」的筆法描寫生命經驗，並用「抒情文」的筆觸延伸更為細膩、幽微的情緒流動，再以「論說文」的方式提出獨到的個人見解。如此，練就滿級分作文煉金術的航海旅程，必然壯闊、華麗且滿載收穫。

第2章

如何深入
閱讀作文題目

一 文章往深層扎根的關鍵鑰匙

面對每一個作文題目，一定要告訴自己：**思考時間只有五分鐘！**

是的，只能五分鐘。五分鐘的思考、四十分鐘的寫作與最後五分鐘的檢查，剛剛好讓我們在五十分鐘的考試時間內完成一篇完整的文章。在這段短短的黃金時刻裡，**我們不能只是「看懂一個題目」而已，還必須全力以赴「深入閱讀」作文題目，並進一步「讀出題目的深意」。**

以96年基測作文題目〈夏天最棒的享受〉為例，許多人寫吃冰、游泳、吹冷氣……，像這些讓身體感到舒適的取材內容，都只寫出表層的享受意義。一篇有深度的好文章，一定要觸及「享受」的深層意義——精神上的滿足，唯有這樣深邃的作品，才能真正扣擊讀者的心。

面對審題功課前，得先培養深入閱讀題目的能力，才能在短短五分鐘的黃金思考時間裡，構思一篇具有深度的佳作。我

們啊，得時時訓練自己練就精確的解讀功力，練習方法如下：

1. 展開「聯想」遊戲

準備一本「聯想」遊戲專用的空白筆記本，每一頁寫一個作文題目關鍵字，並針對這個關鍵字進行相關的生命經驗聯想，生命經驗越多越好，可以不斷補充。透過這個遊戲，能夠有效收藏更多生命的精采切片。

2. 反覆練習寫作三要素「事件→感覺→見解」

打開歷年寫作測驗題庫本，想像自己是應試考生，一次挑選一個作文題目進行審題的練習，套用我們的作文口訣「事件→感覺→見解」，一步步擬定段落大綱。越是接近會考倒數日，越要嚴格要求自己在五分鐘內完成。

3. 尋找「活得更好的方法」

每一個作文題目都是一次提早「面對人生功課」的機會，告訴自己要思考著「我們如何活得更好」，這是讓一篇作文能夠往深層扎根的關鍵鑰匙，一定要牢牢掌握住。

4. 再忙碌也要每天讀一則重要新聞，與社會、世界接軌

關注考前一整年的社會時事與議題，留心國內外重要大事的發展，準備一本新聞專用筆記本，寫下自己感觸深刻或充滿

疑惑的新聞事件，和家人、朋友、師長閒聊時，可作為話題。在提出自我觀點的同時，也聽聽他人的觀點，讓這些看似「事不關己」的大事小事，與自己拉近距離，明白誰都不可能置身事外，再進一步聯結108課綱素養教育的「自發、互動、共好」理念，相信會有意想不到的收穫與成長！尤其，每到年底，臺灣、日本等一些亞洲國家與歐美國家都會選出「年度代表字」，大家不妨上網搜尋、閱讀一番，便能窺探、推論、瞭解這一年來臺灣和世界的關鍵大事樣貌，及人們因應的態度與做法，別忘了加入自己的觀察心得唷！

二 題目的深入閱讀示例：〈認識新世界〉

掌握了文章往深處扎根的關鍵鑰匙之後，接下來，我們得拿起「深入閱讀」的放大鏡，一同仔細審視〈認識新世界〉這個作文題目，看看它究竟暗示我們什麼樣的人生功課。

針對這個題目，如果只談自己認識一個什麼樣的新世界，並且竭盡所能描寫新世界的模樣，就是沒有讀出題目背後更深一層的意義。這時，我們一定要反覆叮嚀自己：**面對每一個作文題目，要如同對待自己的人生課題般慎重！**

當我們這樣虔誠面對作文題目，思考角度自然會變得深沉一些。

生命中每一個階段的轉換過程，也許是從小學升上國中，或許是投入一場比賽，我們將從中發現一個全新的世界，在不斷摸索與接觸的過程裡，內在思維也會跟著起了變化，待人處事上也將逐漸和過去的自己不一樣。這時，我們只要認真檢查生活，寫出新世界在自己的生命中，究竟形成了什麼樣的改變與影響，文章的深度便會一點一滴跑出來。

　　瞭解這個題目要交給我們的人生課題暗示之後，接著一起來看看創作坊孩子書寫〈認識新世界〉的各種角度，相信透過這扇文字窗口的餵養，也能增進我們深入閱讀題目的功力。

（一）共同問題

　　寫作文時，一定要極力避免這些寫作問題。

1. 發生離題悲劇

【示例】

　　會考前夕，當所有的人都全力衝刺時，自己卻脫離每天讀書、考試的常軌，開始申請美術班，畫畫的熱愛和前途茫茫的恐慌情緒，不斷交錯，相信只要自己全力的往前奔跑，新世界便會陪伴自己，一直美麗。

【說明】

畫畫本來就是心中的最愛，文中只寫出奔向「熟悉世界」的渴望，而不是書寫靠近、認識一個「陌生新世界」的種種延伸。看出端倪了嗎？既然題目限制在「認識」兩字，代表這個「新世界」，對於最初的我們而言一定是陌生的，才需要認識與摸索。

2. 落入普遍材料

【示例】

開學，踏進一個新教室，陌生的環境讓自己感到不安，同學伸出友誼的雙手，帶自己走入一個新世界。

【說明】

這類因為分班、升學而到新環境，認識新朋友，進入一個新世界的題材，雖然沒有離題，卻千篇一律，有如一張張模樣相同的面具，展現不出令人印象深刻的特色。

3. 流於表面敘事

【示例】

學習舞蹈，走入舞蹈教室前，對著正要展開的新世界不停張望，羨慕和緊張的複雜情緒交錯綿延著。

【說明】

全文只徘徊於新世界的邊緣，關於進入新世界之後所產生的撞擊，以及對內在思維的變動和生活的影響，都忽略不提，像這樣的文章，全都犯了流於表面敘事的毛病，無法寫出真正的深度。

4. 缺少明確主軸

【示例】

上了國中之後，發現小學和中學的課程銜接上，竟有著嚴重落差；人際關係也變得比小學時還要複雜許多，存在著一些需要克服的困難；小時候的自己對未來充滿美好的幻想，升上國中，才驚覺現實的殘酷。

【說明】

踏入國中確實就像踏入新世界，但從課程銜接、人際關係、天真夢想和現實殘酷的衝突等各種面向談起，缺少一條明確的主軸來精密串連這三項議題，反而使得文章焦點分散了，像一盤聚不攏的散沙，只能灑落一地。

（二）檢視學生生活

書寫〈認識新世界〉，如果懂得從「自己的學生生活」開

始檢視，會是聰明的選擇，因為這是「唯一的自己」，有機會創造出「很像自己」的好文章。

1. 凸顯鮮明個性

從檢視自己膽小內向的個性寫起：自從升上國中後更顯得安靜，在沒有同學陪伴的日子裡，養成閱讀的習慣。閱讀每一本書，彷彿看見各種波濤起伏的生命浪花，只要隨著他們經歷精采的人生，便覺得不孤單了。

2. 檢視處事態度

當選風紀股長後，全心管理班上的秩序，卻怎麼樣也無法讓所有的人安靜下來。不斷反思與摸索，才發現在管理別人的時候，得先從自己做起，於是，一向聒噪的自己消失了，班上的秩序果然大幅改善。扛起風紀股長重任的我，終於明白「以身作則」的重要。

3. 凝視自我傷痛

國中生分為三種人：讀書型，每天埋首於書海、試卷裡的苦讀學生；愛美型，打扮得漂漂亮亮，希望被更多人注視；遊走型，遊走於讀書型和愛美型的邊緣，不知所措。屬於遊走型的我，認識鉤心鬥角的新世界，那是一個不想認識卻必須面對的傷痛世界，我一定得想清楚該如何走出自己的路。

（三）創意取材

還有一些同學走得更遠，不僅挑選出很像自己的作文材料，選材也充滿獨特的創意眼光。

1. 重新發現了純真

對於成長過程感到疲憊時，我透過一雙灰濛濛的眼睛，看見純真的小表妹，為每一件簡單的事情而感到快樂，不禁自我反思，有多久沒這樣天真單純地綻放笑容了？我決定重新挖掘自己失落已久的純真性情。

2. 失智老人的震撼

在逐漸失智的阿嬤身上，認識了一個我所想像不到的蒼老新世界，對阿嬤的態度也從最初的不耐煩，轉變為體貼包容。

3. 融化軍事化家庭

父親是軍人，從小接受軍事化鋼鐵教育的我，父子關係間隔著高高的厚牆。直到升上國中之後，不斷地試探與親近，父子一起努力，終於讓高牆倒下，共築起一個相互融合的新世界。

第3章

寫作的
四大判題法則

一 直覺猜測題目所暗示的「人生功課」

最好的學習，就是靠直覺去猜測，直覺純粹是內在的感覺和判斷。 我們無法飽覽全世界的書，也難以強記一切知識，因此更應該好好運用藏在身體裡的敏銳直覺，認真學會猜測。

美國詩人艾蜜莉・狄金生（Emily Dickinson）曾說：「沒有一艘船能像一本書；也沒有一匹駿馬像一頁意境鮮活的詩篇那樣，把人帶到遠方。」猜猜看為什麼她不寫飛機？飛機不是更快嗎？這樣的問題，在查閱女詩人的背景資料之前，我們只能運用直覺猜測，小小孩通常會很本能回答：「因為那時候沒有飛機嘛！」沒錯，這就是答案！

瞧！直覺猜測的能力，不也像詩、書的意境一般，帶著我們前往充滿無限可能的遠方！難怪偉大科學家愛因斯坦（Albert Einstein）也要強調「想像力比知識更重要」了。

面對作文題目也是如此。

記得卸下肩上所有理所當然的沉重知識，不需要為自己畫

上束縛的框格，純粹只用感覺去猜測、去判斷，勇敢地任由直覺所召喚的想像力，盡情奔馳吧！

當我們懂得讓直覺一馬當先開路時，也別忘了仍然要緊握手上的韁繩，馬兒才不會失控跑錯跑道，這一條關鍵的韁繩就是「人生功課的暗示」。會考及學測的寫作測驗不只是語文表達能力的測試，更是提早讓每一位小大人學會面對一輩子的「人生功課」。因此，腦中思維要一直聚焦在「找出活得更好的態度和方法」，這樣作文內容非但不容易離題，也更能種植出深度來。

二 刪除「第一個浮起來的素材」

面對每一個作文題目，要反覆叮嚀自己「腦海中第一個浮起來的素材」絕對不能寫！我們的第一個念頭，大多是任何人都想得到的材料，**取材一普遍，就難以顯現出個人特色**。記得一定要大方按下刪除鍵，才會有更多更新鮮的材料，從大腦磁碟區裡源源不絕跑出來，它們正是灌溉稿紙的活水內容。

想一想，當看到〈最美麗的母親〉這個作文題目時，第一個浮起來的念頭會是什麼？一張張泛黃照片中，母親穿著白色婚紗的美麗樣貌？或是回憶起母親年輕時的青春容顏？大多數人幾乎都會從「母親最美麗的樣子」取材、下筆，竭力描繪母

親如何美麗著，像這類的取材角度，根本難以彰顯出個人特色，我們必須大方刪除它。

再想想，還有什麼角度，可以表達母親最美麗的樣子呢？

創作坊孩子林姿芸，小時候母親忙於工作，一天當中兩人最親暱的時間，就是傍晚母親下班，幫姿芸洗澡的短暫時刻。即便母親再疲累，她仍然溫柔、細心地為女兒洗澡，臉上帶著甜甜而滿足的笑容，這就是姿芸心目中母親最美麗的瞬間。

另一個孩子陳怡文，則從母親陪伴自己準備考試寫起，看著母親一遍遍為自己批改、訂正測驗卷的答案，那種只為著自己而來的認真、專注模樣，就是怡文眼中母親最美麗的時刻。

同樣旋轉在高壓課業的蕭至軒，為了寫數學作業而熬夜。凌晨三點，他的房門被打開，母親走了進來，至軒驚訝問著：「怎麼還不睡？」母親心疼回答：「一想到你熬夜沒睡，我就睡不著！」至軒在照見母親為自己擔憂失眠的瞬間，捕捉了母親最美麗的樣子。

這些特別的選材角度，都是每一個人重新檢視母親在過往生命經驗中留下的印記時，所慎重挑選「像自己」的個性材料。只要我們專注傾聽內在的聲音、仔細拼組記憶的足跡，便能讓作文取材散發熠熠金光，搖曳出別人難以複製的感覺和想法。

瞧！滿級分作文煉金術第一招便是這樣修煉而成的。

三 裝進自己「真實的感覺」

一篇作文，有了別人難以複製的材料，彷彿擁有一個健康的身體，接下來，我們得把自己的真實感覺都放進去，如同為這個身體裝進了靈魂般。也唯有注入靈魂的材料，才能真正感動每一個人。

希望文章裝滿豐富的感覺，我們得先學著豐富自己的生活。 想想看，一天當中，扣除掉上課、補習、看電視、打電動、滑手機之後，生活還剩下什麼？多數孩子會毫不猶豫回答：「會很無聊！」一個喜歡把「無聊」掛在嘴邊的孩子，代表他對許多身邊正在發生的事情毫無感覺！然而寫作就是寫我們的生活，一個對生活無感的人，自然無法磨亮書寫的筆。

假設當我們放學後去小吃攤買肉包，看見一位顧客拿到肉包之後，竟把零錢任意「丟灑」在攤子上，忙碌的老闆只得一塊錢一塊錢撿拾，那一幕，我們的心怎麼可能沒有任何感覺呢？我們也許想著：這樣的顧客一點都不體貼、尊重別人，而那個老闆撿錢的身影，則讓我們的心隱隱痛著。輪到我們付錢時，會在內心提醒自己，一定一定要小心翼翼地把錢放在老闆的手掌上。

當我們善於觀察生活，明白生活中所發生的每一件事、每一個細節，必然牽動我們的情緒，無論是歡愉的、疼痛的、困擾的……，這些感覺將促使我們進一步形成內在的感受與體會，也讓作文發出燦亮而精采的金色光芒。我們啊，一定要把自己的生活過得有意有思，真實的感覺才會不斷湧現。

懂得在文章中裝進真實的感覺之後，緊接著，得進一步學會分類、歸納這些紛雜的感覺。我們不可能把所有的感覺全一股腦地寫進稿紙裡，那只會讓文章充滿情緒形容，沒有重點！因此，我們必須學習分類與歸納，把那些雜亂的感覺有層次地整理出來，由淺至深，一層接著一層，表達出自己的感受和領略，我們的作文就會裝滿豐富且有層次感的深刻感覺了。

四 從分類與歸納中培養「見解」

一篇文章有了好的取材，並放入豐富的真實感覺之後，接著還必須釀造出屬於個人的見解，才稱得上是精采的好作品。

學習在每次拿到一個作文題目後，認真把自己腦中所思所想的一切，條列於一張白紙上，進行分類與歸納的工作，它有助於我們清楚理解「取材的幾種角度」和「感覺的延伸可能」，當我們習慣隨時這樣整理自己，便能逐漸培養出令人激賞的見解來。

平常也可以這樣激盪腦力，隨意挑選幾個相近或者相反的詞組、句子，或是找幾篇題目相同的作文，進行「差異大比較」，在分類與歸納的過程中，要求自己想出各種答案，直到再也想不出來為止。這種練習，不但可以活化我們的思路，也能讓我們累積不凡的見識。

比如：「看→摘→奉獻」三詞的差異為何？

有人認為「以心動的層次來看，分別是一點點→很多→全面」；也有人這樣解讀「看和摘是隨意的動作，摘和奉獻則是發自內心的行動」；還有人這麼看待「畫面→行動（參與畫面）→給予」，是不是很令人驚豔呢！真的，卓越的見解就是這樣一點一滴琢磨出來的。

記住喲！我們一定要認真期許自己，以精采的個人見識，震撼每一位閱讀我們文章的人。

第4章

不可不慎的
審題陷阱

一 確認書寫範圍

　　打開寫作測驗卷，我們閱讀引導圖文的說明，如同瀏覽作文煉金術師必備的導航App地圖，那也是一張透露著大祕寶可能藏於何處的藏寶圖。看完引導圖文後，我們必須先主動縮小搜尋範圍，而**確認書寫範圍，就是尋寶前極為重要的「縮小」行動**，它能使我們更精準靠近遠方的寶藏。

　　例一：〈最美麗的母親〉

　　面對這一類含有「最」字眼的作文題目，一定要立刻拿筆圈選起來，反覆提醒自己——**「最」，明確暗示我們「只能有一個」的書寫範圍**。比如〈影響我最深的一句話〉，只能針對「一句話」下筆延伸；〈夏天最棒的享受〉，只能深談「一種享受」。

　　再進一步審視這個題目，我們會發現「最美麗」這三個字，代表著「一個瞬間」，而不是「一直存在的永恆狀態」。於是，我們的書寫範圍又縮得更小了，只要能夠從心底認真挑

選出一幕自己所記得的最美麗的母親的瞬間畫面，便能準確掌握題旨。

例二：〈我的世界這麼大〉

「我的世界」是這個題目的書寫範圍，下筆時，一定要全力聚焦於「我」的世界，即使提及親人、朋友、師長對自己世界的影響，篇幅也不可太長，因為文章的重點在於：這些影響在「我」的世界中所造成的撞擊與改變。一旦精準掌握書寫範圍，就不會發生寫著寫著，竟寫成「我和別人」的世界這麼大，導致文章離題了。

例三：〈深秋〉

先想一想，「深秋」和「秋天」，一樣嗎？

猜到了沒？「深秋」的書寫範圍，其實比「秋天」還要來得小，秋意沉鬱的深秋是秋天的尾聲，也是進入寒冬之前的關鍵時刻。當我們明白深秋的書寫範圍，取材和相關延伸自然也更能切合題旨。

㊁ 看清楚「關鍵字」

面對作文題目，只有「縮小」書寫範圍還不夠，還得進一步看清楚題目的關鍵字，這是尋寶前，「放大」指示路標的必要動作，它能讓我們更準確無誤地朝著不遠處的寶藏前行。

例一：〈讀詩〉

「讀」是這個題目的關鍵字，既然是「讀」詩，最重要的就是把自己讀詩的所得所感書寫下來。有太多人把「讀詩」寫成「背詩」，全文內容只看見背詩的過程，缺少自己與詩篇交會後的特殊領會與感受；也有人把「讀詩」寫成「介紹一首詩」，花上許多筆墨仔細說明一首詩的背景與故事，卻不提自己反芻一首詩的所思與所想。因此，寫作文的時候，一定要時時刻刻緊盯題目的關鍵字，才不會掉進審題的陷阱，導致偏離主題的悲劇發生。

例二：〈孝順是幸福的起點〉

猜一猜，這個題目的關鍵字，是「孝順」？還是「幸福的起點」？如果把關鍵字當成「孝順」，那麼文章的重點便落入「什麼是孝順？為何孝順？如何孝順？」的老生常談裡，完全看不見它和「幸福的起點」的關聯。

題目關鍵字應為「幸福的起點」，我們思考「孝順」和「幸福的起點」的關係，會發現孝順是「因」，幸福的起點是「果」。從這個角度切入文章，自然能夠擺脫千篇一律談孝順的方式，文章也才能符合題意。

例三：〈我的轉捩點〉

轉捩點指的就是「轉變的關鍵」。我們還要謹慎確認的

是，這個轉變的關鍵究竟是「突然的變動所造成」？還是「一點一滴緩慢累積而成」？發現了嗎？它就是藏在暗處的審題陷阱，「我的轉捩點」旨在強調因為一次突然的變動，對自己造成的劇烈改變。因此，只要掌握住關鍵字的意思，不斷放大它的意義，就能避免犯下離題的大錯。

三 穿透題目的深層意義

反覆叮嚀自己，會考及學測作文題目都是為了讓每一位小大人，提早學會面對「一輩子的人生功課」，只要謹記這個善意的出題方針，我們便能輕易穿透題目的深層意義，寫出有深度的好文章。

例一：〈學習，是為了快樂〉

如果閃過腦海的第一念頭，便毫無疑問認為「學習，是快樂的原動力」，就代表我們並沒有認真審視題目的深層意義。這個題目要我們思考的是：「學習」和「快樂」之間，並不是等號關係，我們得在兩者之間，找出屬於自己的學習意義，並從中發現快樂。很顯然，快樂不是學習原動力的「因」，而是我們看待學習過程，努力要摘得的「果」。

例二：〈邀約〉

這個題目如果只談一次邀約事件，並鉅細靡遺交代邀約的

過程與細節，便只看見了題目的表層意義。我們應該回到邀約的「目的」進行深入思考，所有的邀約其實都是為了等待回應，回應發生了？還是落空了？無論哪一種，都是一次成長學習，我們究竟從中學習到什麼？我們是否因此而過得比以前更好？瞧！題目早已善意地為我們的人生功課鋪路了呢！這樣看待邀約，文章的深度也就醞釀完成。

四　具體題目得寫出抽象意義

　　當我們面對具體的題目時，必須竭盡所能寫出它的抽象意義來，如果只聚焦於具體層面談，文章將開拓不出深度，自然也接收不到會考或學測作文題目所暗示的「人生功課」了。

　　例一：〈電話〉

　　〈電話〉這麼具體的題目，如果只停留於它的功能介紹，就會淪為一張「電話使用說明書」，而不是一篇「有感覺、有見識的作文」。讓創作坊孩子書寫〈電話〉，有的人從生活中撥接電話的事件，延伸出電話對自己而言的特殊意義；也有人從電話的侷限談起，表明電話終究只是一個傳播媒介，它無法教會我們真誠面對一個人，我們還是得回到溝通的最初原點，擁抱真摯的彼此。瞧！當具體題目經過抽象解讀後，深度也跟著滲透了出來。

例二：〈櫥窗〉

我們都明白櫥窗具有展示的功能，這是理解題目的基礎，接著得更深入思量：我們該如何從這個框框，去看見更深沉的細節？要記得：無論哪一種櫥窗，它們都藏著人生的真相，我們必須由一扇具體的櫥窗，延伸自己的抽象人生體會。

創作坊孩子古鎮嘉，從朋友經歷過無數風雨的眼神中，看見生命的堅強與感動，透過這扇櫥窗，鎮嘉明白自己無比幸福，更要懂得珍惜與感恩。像〈櫥窗〉這樣具體的題目，經過抽象的深入解讀後，真的讓我們照見了生命的真相，也得到了使自己變得更好的禮物呢！

五 抽象題目得賦予具體事件和意象

當我們面對抽象的題目，則必須從生命經驗中裁剪出適合的切片，放入文章中，唯有透過具體素材的描摹，才能更精準、動人地彰顯出抽象題目背後的深刻意涵。

例一：〈看見生命的光〉

〈看見生命的光〉是一個抽象的題目，我們很難精確告訴別人，到底什麼是生命的光？因此，我們必須從生命經驗裡，找出最難忘的事件，說明「生命的光」曾經如何照耀自己，並帶領自己走出困頓的黑洞。

創作坊孩子林子珺，以自己在醫院動手術的難忘經驗告訴我們，她在那幾乎瀕臨死亡邊緣的黑暗迷宮裡，重新發現擁有健康生命的美好，在平安出院的那一刻，子珺更是明白自己十分幸運，能夠持續沐浴在生命的光中而感動大口呼吸。

　　像〈看見生命的光〉、〈最深刻的愛〉、〈心被刺了一下〉、〈幸福〉……，這類抽象的題目，只要灌注生命中難忘的片段經驗，就會綻放出璀璨的光芒，照入每一位讀者的心底，銘刻出更為深沉的共鳴。

　　此外，**越是抽象的題目，越需要具體可見的畫面加以凸顯。**我們不妨經營「意象」來詮釋這個題目，不僅能加深讀者閱讀的印象，同時也能為文章增添濃烈的個人風格。

　　例二：〈最遙遠的距離〉

　　〈最遙遠的距離〉是90年學測作文題目，究竟怎樣的距離才算「最遙遠」呢？創作坊孩子楊舒寒，以精緻的意象為抽象的題目做了具體的界定：

　　世界上最遙遠的距離，就像一杯水和一碗油，即使放在一起，也無法相融，明明近在咫尺，中間卻總是隔著一條明顯的界線。

　　原來世界上最遙遠的距離，是明明靠得很近卻始終有一條跨越不了的界線。舒寒透過精采的油水意象，讓我們瞬間明白

她想表達的獨特切入點，令人印象深刻！

當我們懂得精確審題，並且由衷明白：會考及學測作文題目是一場以文字表達能力檢視自我生活的測驗時，那麼無論在什麼時候、碰到什麼樣的作文題目，我們都能從容以對，不再感到無所適從，也才有辦法進一步搜尋相關的寫作材料，寫出別人無法複製的獨特生命風景，無痛學成滿級分作文煉金術。

卷二

無痛尋找深海
大祕寶：

創意取材

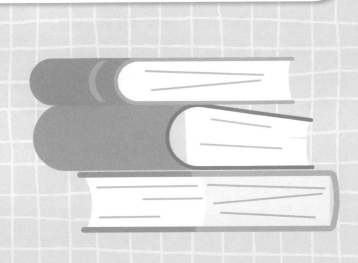

第5章

突破平凡，
寫出個性與創意

一 成為一位「有個性」的學生

假設現在要進行一場自我介紹，會不會突然呆愣住，想不出該如何介紹自己？又或者即使說了，卻發現每一字每一句，平凡普通到幾乎適用於所有的人？

如果你符合上述情況，就代表自己的「個性」，正被那日復一日充滿讀書與考試的生活，給一點一滴掩埋了。當我們的個性模糊地讓人辨識不清時，作文取材也必然千篇一律，凸顯不出新意。

在創作坊上課的孩子，學習有高潮也有低潮。有時，處於學習低潮的孩子甚至只寫了作文題目、沒寫出任何內容，我們會畫一顆星星來代替傳統的給分方式，心疼他的同時，也期望他經過一段時間的醞釀後，會像星星一樣發亮。當然，有精采的佳句，我們會用「圈圈」象徵驚喜，以「叉叉」代表錯字提醒。孩子們藉著不同的記號，標記出各自的青春日記。

創作坊孩子蕭至軒雖然不是每一堂課都能寫出作文來，但

他這樣介紹自己和作文簿：

★自我介紹：蕭至軒，是一個戴眼鏡、充滿活力的年輕小伙子，寫不出作文時，就會玩橡皮擦屑屑，雖然文章總是短短的，但是都會被老師畫圈圈。

★作文簿介紹：我的作文簿裡，有星星，有圈圈，還有叉叉，這樣你們應該可以想像得到我的作文簿有多熱鬧吧！

至軒總是以「新鮮的角度」看待有時寫不出作文的這件「悲慘」事，進而寫下「很像自己」的介紹文字，深深感動所有教過他寫作文的老師！只要我們活得像自己，便能擁有像自己的取材角度，寫出獨特的文章來。

我一直深信：**我們會成為什麼樣的人，決定權始終握在我們的手上！**

把這樣的信念刻印在心中，我們會活得很有勁兒，生活將過得有滋有味，對萬事萬物會更有感，在面對每一個作文題目時，相關的生活經驗材料也都會順利浮出腦海。這表示我們已精準掌握住「無痛」尋找深海大祕寶的訣竅，無痛取材、無痛下筆將不再是遙不可及的事！

變身作文煉金術師之前，得先成為一個「有個性」的人，絕不用「習以為常」的眼光看待生活周遭所發生的每一件事。我們將發現自己的獨特個性正慢慢探出頭來，而作文簿是第一

個見證者。

想要成為一個「有個性」的人，必須隨時提醒自己：

1. 絕不放棄自己的選擇權

曾讓創作坊孩子寫〈讀詩〉，結果竟有將近一半以上的人，所讀的詩都不脫離學校課本內容，不是孟浩然的〈過故人莊〉，就是李白的〈靜夜思〉……，每一個人讀的詩幾乎大同小異。

這都是因為我們自願放棄選擇權，讓學校教材全權作主綁架了我們！

再想想看，會有多少人書寫〈讀詩〉時，便想起課本教材？幾千人？甚至幾萬人？可怕吧！竟有這麼多人和我們「一模一樣」！我們其實擁有選擇的權力，只要我們願意認真思考，仔細記憶那些從身邊輕巧走過的曾經，即使只是孩提時唸過的一兩句詩，都能夠凸顯出自己的個性，讓我們擁有「不一樣」的面容。

一定要反覆告訴自己：絕不放棄自己的選擇權，只有我們的「個性」，才能成就我們文章的特殊樣子。

2. 為求學生活注入新鮮活水

既然求學是我們人生必經的過程，與其被沉重的課業和考

試層層綑綁住自己的個性，不如轉個彎，為學習找到快樂的理由，創作坊孩子徐嘉嫄，這樣談〈學習，是為了快樂〉：

學習的過程，與其說是拿來應考，不如說是當作下一次學習快樂的籌碼。因為學習到的知識，可以讓我們在下一次的學習更靈活應用，當我們得到成就感的同時，也得到了快樂。

是啊！只要真誠為學習感到快樂，我們的個性就不怕被掩埋，可以活得更像自己。

能夠從被動的讀書、考試模式中，主動找到樂趣，便能進一步為生活添加一點自主性，世界將開始擁有無限寬闊的可能，我們的文章取材也會隨著自我個性的鮮明，進而誕生驚人的創意。

二 創意從「不斷發現新的可能」開始

一位在Club Med度假村打工的女大學生，帶著打完高爾夫球的孩子們回到飯店後，才赫然發現自己弄丟了一個孩子。由於度假村腹地廣大，所有人員全力找尋這名走失的小孩，直到三個鐘頭後才找到。那位跟丟的小男孩早已哭成淚人兒，沒想到，媽媽一見到他，竟指了指一旁也泣不成聲的女大學生，對兒子說：「看看那位害怕得發抖的大姊姊，你現在有力氣去保護她，讓她不害怕嗎？」小男孩一聽，當場擦乾眼淚，忘了剛

剛的恐懼和無助，筆直朝那位大姊姊走去。

看完這則故事後，是否得到啟發？大部分的人會這樣說：「那位媽媽很偉大，不但不責備失職的女大學生，反而還讓兒子安慰她。」這是第一個浮起的念頭，是相當普遍的答案。

還記得第一個浮起的念頭要大方刪除嗎？是否還有不一樣的答案？

於是，有人會說：「小男孩很幸運，從此只要遇到挫折，他還有哭泣以外的方式可以選擇。」也有人這樣說：「女大學生看待世界的方式，從此改觀！她將充滿感恩，面對人生的每一天。」

當我們面對任何事件，只要竭盡所能從各個角度去思考、去挖掘，並一遍又一遍過濾掉普遍的答案之後，「創意」就會冒出新芽！

一篇文章能否有出色的取材，首先，寫作者必須具備輪廓鮮明的「個性」；其次，要不斷發現新的可能，將「創意」一點一滴催生出來。

接下來，讓我們一起欣賞創作坊孩子極具個性的創意選材作品。

1. 〈記憶像□□一樣□□〉

想想看，記憶對自己而言像什麼？生命中有沒有哪一段記憶，讓自己深刻難忘？

創作坊孩子鄭佩芸，鮮少對生命中的每一個記憶留下關注的眼神，但在面對這個題目時，她選擇從自己的個性出發，寫出令人驚豔的〈記憶像空氣一樣平凡又重要〉：

從出生到現在，記憶一直是我從來沒有注意過的，而我卻是由記憶拼貼而成。對我而言，記憶常常如同空氣一般，在自己有需要時才會格外注意。記得國小的每一堂作文課總是困擾著我，題目往往都是要我回憶以往的記憶，每當我在寫作文時，就會瞭解記憶是多麼的平凡又重要。

當所有人全心全意描摹自己最深刻的記憶畫面時，佩芸跳脫這樣的框框，說出一個沒有記憶的人對於收藏記憶的決心，這就是「創意」，它能不斷翻新書寫的角度！

因此，當我們面對一個極為「陌生」或看起來「很難寫」的作文題目時，千萬不要輕易放棄，不妨嘗試從各種角度出發，一定會有意想不到的創意跑出來和我們相遇。

2. 〈天空〉

看到〈天空〉這樣的作文題目，會聯想到什麼？無拘無束

的自由嗎？還是寬闊無邊的胸襟？又或者是想飛翔的渴望？

這些聯想，都是一般人對於天空的刻板印象，好像天空就該這樣寫，不這樣寫就寫不出天空的特色。

有創意的人，會不斷從題目發現新的可能！創作坊孩子紀怡箴這樣書寫天空：

我想成為天空，目的不在為了自由，而是那「一定要雨過天晴」的執著。沒有人可以在雨中永遠活著。一陣狂風暴雨發洩完後，要以最快的速度調整心情，再度展露笑容，讓別人也因為藍天，獲得幸福的感覺。一路上走來，我都是這樣告訴自己的。

這樣的取材不僅別緻，且深深撼動人心，這就是創意的魅力，它讓我們的文章有了令人耳目一新的精采面貌。

第6章

言之有物的關鍵：
歸納與整理

一 記下自己的生命經驗

1. 以「我」為圓心，向外輻射

具備了個性和創意，等於擁有引燃火花的柴薪，但只有這樣還不夠，還必須找到一箱又一箱可以綻放千萬種視覺效果的煙火，才能足夠燃亮整個夜空。而只屬於我的獨特生命經驗正是那一箱箱帶來絢爛的煙火！

唯有自己的生命風景，是別人無法複製的好材料。

生命經驗的採集方式，以「我」為圓心，向外一層又一層輻射出去，旁及我們的親人、朋友、師長，甚至是熟悉的麵店老闆、陌生的路人………，所有與我們交會的人們，和生活中發生的每一件事、每一滴淚、每一朵微笑……，全都充滿意義。我們只要認真收藏每一則生命經驗，進行歸納與分類，再存放於腦中的記憶櫃子裡，這些都將成為書寫時獨一無二的創意取材，保證能協助大家無痛修煉成一名厲害的作文煉金術

師，順利找到藏在深海中的大祕寶！

2. 常常惦記著「如果當時……」

97年學測作文題目〈如果當時……〉，要考生從自己的生命歷程或人類的歷史發展中，選擇一個最想加以改變的時空情境，並想像因為自己重返或加入當時情境而產生的改變。這個難倒許多大學生的題目，其實只是殷切提醒我們一件很重要的事：我們是否「整理」過自己的生命經驗？

所謂的「**整理**」，其實就是「**思考更好的可能**」！

面對每一個生命切片，除了記憶、歸納它之外，還要時時將它惦在心頭，慎重思考並反覆追問自己：當時的我錯了嗎？為什麼錯了？我後悔嗎？如果可以重來，我該怎麼做會更好？又或者當時的處理方式對了嗎？我為什麼會做出這個決定？是什麼力量驅使我這麼做？我是否因此而成長了？

時常追問自己，並藉由這樣的自我對話一點一滴整理生命經驗，雖然無法改變過去所發生的一切，但至少還有能力讓現在和未來的自己過得更好！一個習慣整理自我的人，生命經驗將不再只是一則則死的記憶，而會成為一盞盞活的燭光，為我們照見更明亮的前方，同時也為我們的作文內容，提供更深邃的反思和見識。

3. 以作品〈最深刻的愛〉為例

像〈最深刻的愛〉這類很抽象的題目，一點都不難發揮，只要從記憶櫃裡剪裁最合適的生命切片，整理它並描述它，留下自己的深刻見解，便能精準而完整地表達。

創作坊孩子李佳臻，因為一首熟悉的歌而喚醒了心中不堪的祕密：一場以為正要展開的小小戀情，才剛甜蜜滑過心頭，竟毫無預警先變了調。壞消息傳入耳朵，哭過也瘋過的佳臻，面對失戀的痛苦，最後這樣告訴自己：

當愛被越抓越緊時，就要學會如何打開手，如何穿上翅膀，飛向廣闊的天空。學會讓感覺走，可以悲傷一下子，但過了就要放掉它。

於是，我們明白，最深刻的愛是如何讓人痛苦著，直到自己學會慢慢釋放為止。

創作坊孩子陳品心，則從同學的身上看見最深刻的愛，同學每每因為失戀而躲在角落哭泣，甚至輕易脫口「不想活」時，都讓品心感到痛心！沒想到，這一次同學又失戀了，但她沒有哭，反而透過小小的Line視窗向品心報告：

快畢業了，要留下笑容給愛自己的朋友，和未來遇到挫敗的自己。

被同學這句話觸動的品心，最後告訴我們：

原來，最深刻的愛就是在最傷心的時刻，還一直愛著自己！

這是「最深刻的愛」相當動人的界定！只要我們細細採集生命經驗，隨時整理與檢視，就能釀造出甘甜的芬芳來。

二 累積我的閱讀資料庫

1. 從自己最喜歡的事物開始

風靡年輕人的作家九把刀，曾發下立志超越武俠小說巨擘金庸的豪語，令人感到驚奇，但他秉持著「說出來會被嘲笑的夢想，才有實踐的價值」信仰，設法積極靠近自己的夢想！這個擁有堅強意志力的作家，最厲害的練功招式就是大量「閱讀」，為了激發更多的取材構思，以便寫下更細膩的小說細節，他看書、剪報，就連平常在公園散步時，也隨手攜帶相機拍下烏龜、不知名的花草、蝌蚪……，仔細研究一番。聽起來很瘋狂，但他果真靠這套練功方法，寫出一本又一本膾炙人口的暢銷小說，還被翻拍成電影上映呢！

寫作文也是這樣。為了豐富我們的寫作材料，激盪出更多個性與創意，除了不斷「向內」挖掘自己的生命經驗之外，還得進一步藉著閱讀「向外」收集，收集那些很可能我們一輩子

也不曾經歷、難以想像的許多人的人生。

閱讀，使我們不需要搭乘船隻和駿馬，就能直接前往遠方，有效開拓我們的視野和見識。

閱讀範圍，並不僅限於書本，其他像是電影、連續劇、動漫作品、YouTube頻道、Podcast頻道、音樂、畫作、報章雜誌、新聞、廣告內容、和朋友的閒聊、旅行……，只要能夠緊緊抓住我們的心，使我們有所感觸和發想，都是閱讀資料庫裡的豐富收藏。

常常有憂心忡忡的家長問起：「什麼樣的書最適合學生看，且可以有效提升寫作能力呢？」

像這類問題，並沒有統一的正確答案，答案將因每個人的個性、喜好而有所不同。最重要的是，先凝視我們喜歡什麼？夠喜歡，我們才會投入所有熱情，也才能真正享受其中。

從現在開始，每天慎重想著：我，喜歡什麼？**沒有一定非讀不可的書，只要讀自己一定喜歡的書，我們一路朝著它前進，就對了！**

2. 自主深化閱讀

英國名人培根（Francis Bacon）曾說：「我們不應該像螞蟻，只是收集食物；也不可以像蜘蛛，只從自己腹中抽絲；要

像蜜蜂一樣，採集後加以整理消化，才能釀出香甜的蜂蜜。」

原來，培根早在幾百年前就殷殷叮囑我們：**閱讀，一定得經過整理和消化，才能真正內化為我們身體裡的養分。**

習慣在閱讀完一本書或一部電影之後，留給自己十分鐘的思考時間，將有助於我們「整理」自己的感覺和見解，這樣的思考訓練，正是深化閱讀的過程中不可或缺的重要步驟。

深耕創作坊幾十年的黃秋芳老師，在著作《飛向夢工廠》一書中，曾針對閱讀擬出幾個一定要「自問自答」的問題：

A. 它的大意在說些什麼？

B. 如果是個故事，請找出故事中「起」、「承」、「轉」、「合」之處。

C. 請指出它最精采的地方？

D. 它告訴我們什麼？又讓我們聯想到什麼？

E. 它如果有問題，問題在哪裡？

藉由這五個提問，我們可以反覆思考、整理自己的閱讀資料庫，也才能一點一滴採集、釀造因閱讀而豐富的香甜蜂蜜。

第7章

閱讀是
文學儲備的起點

　　沒有一個人能獨活在自己的世界裡，不和他人接觸交談，不到生長環境以外的地方遊歷，不明白外面的世界究竟發生了哪些事情……。於是，從我們懂事開始，各類書本便擠進生活，扮演重要的角色，是它為我們打開小小世界的窗口，與外界產生聯繫，然後看見到達遠方的可能。

　　一篇作文是否也能帶著所有讀者到達遠方，發現前所未有的感動與震撼，其中最重要的關鍵就在於我們是否保持閱讀的習慣。

　　閱讀，是文學儲備的起點！

　　當我們習慣閱讀並學會歸納、整理自己的閱讀資料庫時，也就等於啟動了和書、和人群、和世界的連結管道，這不只是單方面和書本相遇而已，我們還和書中的人群、世界共同經歷每一件事。在面對每一個作文題目時，也會因為**擁有豐富的閱讀資料庫，使文章的取材內容跟著多元起來，永遠不會有「生活範圍太小」、「生命經驗有限」的邊線框住自我**，我們一樣

可以寫出很像自己，而且深度十足的好文章。

透過閱讀的潛移默化，我們的語言將變得比較精緻，感受會更為細膩，見解也隨之深沉許多，這時的我們已經站在文學儲備的起點上，能為作文取材的敘事、抒情、說理內容，創造一個又一個美麗的奔跑弧線。

● 「我」的生命經驗

閱讀就像一面鏡子，書中雖然展示著別人的生活經驗，我們卻能穿透其中，照見自己生命經驗中類似的際遇，進而思考如何變得更好的可能。創作坊曾讓孩子閱讀《詩經・關雎》：

關關雎鳩，在河之洲。窈窕淑女，君子好逑。

參差荇菜，左右流之。窈窕淑女，寤寐求之。

求之不得，寤寐思服。悠哉悠哉，輾轉反側。

參差荇菜，左右采之。窈窕淑女，琴瑟友之。

參差荇菜，左右芼之。窈窕淑女，鐘鼓樂之。

這一首詩，敘述詩人因為一聲「關關」的雎鳩鳥叫聲，而渴望和成雙成對的雎鳩鳥兒一樣，擁有一位能夠心靈相通的朋友。究竟要如何獲得這位朋友的青睞？詩人告訴我們兩種愛人的方法，首先得「琴瑟友之」，如果她喜歡音樂，就演奏美妙的音樂給她聽吧！接著得「鐘鼓樂之」，以彷彿使用天子、諸

侯所專屬的鐘鼓樂器那般慎重的演奏態度，時時刻刻想著：我還可以為她做些什麼？

當我們能夠這樣真心對待一個人時，兩人的關係將從最初的「參差荇菜，左右流之」狀態，那種還不確定她是不是也喜歡自己的忐忑與煎熬感覺，像極了飄搖不定的水草，逐步轉變為「參差荇菜，左右采之」的穩定狀態，代表那株原本還搖搖蕩蕩的水草已經被自己採摘，締結了友誼關係。最後，達到「參差荇菜，左右芼之」的成熟階段，她終於成為自己的心靈伴侶，一如安定下來的煮熟的甘美水草。

三千年前的詩人透過詩句，告訴我們交朋友的良方，未來當我們陷入人際關係的困境時，詩人誠摯對待朋友的心意和作法，就能成為一線希望的曙光，讓我們知道怎麼做可以更好。

因此，當我們遇到像〈第一個朋友〉這樣的作文題目時，可以先檢視自己的交友經驗，從生活取材，再放進自己吸收、理解的《詩經·關雎》想法，進行更深入的省思和延伸。亦即，照見「閱讀」這面鏡子，我們的生命將擁有變好的可能，文章也能增添感人的力量，以及幾分迷人的文學味道。

閱讀像一面鏡子，不僅照見我們的現在，也預示我們的未來。即使我們不曾有過渴望和一個人成為好朋友的經驗，那麼透過閱讀，我們也已幸運地獲得最棒的交友祕訣，這就是閱讀

之於人生的影響力，同時也是寫作取材時，為生命切片添加動
人色彩的關鍵。

二 抒情的節奏

透過閱讀，除了參與作者的生命經驗、見證他的人生理念
之外，我們同時也能感受到他在生命各個關鍵階段所流動的各
種情感。閱讀不僅抒發作者的情志，也為所有讀者提供各式感
動的可能。

我們常常會有這樣的經驗，無論看一本讓自己流淚的書或
一部電影，即使多年後再回顧，我們很可能都已經忘記故事或
劇情內容，但當時因為感動而流淚的瞬間畫面，倒是一輩子記
得，這就是抒情渲染的驚人力量！閱讀，讓我們明白抒情節奏
的重要，我們知道它將如何吸引讀者的目光，並帶著讀者奔赴
前所未有的感動境界。

曾和創作坊孩子一起讀安東尼・聖修伯里（Antoine de
Saint-Exupéry）著作的《小王子》，意外發現，有好多人印象深
刻的畫面之一，皆是狐狸對小王子主動提出的「馴養」說：

你看！看到那邊的麥田了嗎？我不吃麵包，小麥對我一點
用處也沒有，麥田對我毫無意義。這有點悲哀。但是你擁有一
頭金髮，你要是馴養了我，這將變得多麼美妙！每次看到金色

的小麥，我就會想起你。而且我會愛上風吹拂小麥的聲音⋯⋯

（引用版本：墨丸譯，漫遊者文化）

狐狸提出一旦彼此有了馴養的關係後，即使再微不足道的事物，都會因為與對方有關而產生親密的聯結。亦即，原本對狐狸而言毫無意義的麥田，因為小王子的一頭金髮，反倒成為日後勾起想念的重要象徵。於是，當我們面對〈想念〉這樣的作文題目時，狐狸和小王子的馴養關係，以及被重新賦予意義的麥田，都成了我們作文取材的好材料，我們將它添加進稿紙中，必然能為走抒情路線的〈想念〉文章，譜出動人的抒情節奏，且深深擄獲所有讀者的心。

🔘 三 說理的力量

藉由閱讀，我們瞭解每一位作者看待事情的角度、判斷是非的準則、人生觀、價值信仰⋯⋯，每一本書彷彿在我們眼前上演一齣齣悠長的人生劇碼，為身處小小世界、還很年輕的自己拓展視野，並深化見識。

曾讓創作坊孩子，共讀印度詩人泰戈爾的《漂鳥集》詩句：

當烏雲擁吻著光，隨即變成了天上的花朵。

透過泰戈爾簡短卻又精緻的詩句，我們發現，就算遭遇到

再大的挫折、陷入多悲慘的低潮時刻，只要一直相信前方還有光源，並一心一意向著有光的地方走去，即使是烏雲，也能成為鑲著金邊的天上花朵！這是泰戈爾在他長長的生命中，交給我們最重要的禮物。

當我們碰到〈看見生命的光〉的作文題目時，只要援引泰戈爾的詩句，說明正向思考為何如此重要，自然具有充足的說服力，我們的文章也將因為閱讀產生精緻說理的力量！

閱讀不僅增加我們說理的力量，也強化我們的思辨能力，泰戈爾還曾經在《漂鳥集》留下這樣的詩句：

螢火蟲對星星說：「學者說，你的光將有熄滅的一天。」

星星不說話。

猜猜看，星星為什麼不說話？

大部分的人會回答：「星星懶得和螢火蟲爭論，因為螢火蟲的生命只有20天，卻敢嘲笑爆炸了數億光年還能發亮的星星。」當我們站在「星星壽命長過螢火蟲」的角度時，這是一個再理所當然不過的答案。

再想一想，還有沒有別的解讀？

有沒有可能，星星不說話是因為太難過了而說不出話來，因為知道自己的確比螢火蟲渺小，螢火蟲可以不斷地繁衍，即便生命短暫，卻也強過根本不能代代繁衍的星星？

這樣的答案，讓詩句變得更有意思了！

當我們主動加入思考的行列，竭盡所能說出泰戈爾當時沒想過的想法，配合閱讀資料，加入我們的想像和理解，新的說理力量便會逐漸成型。於是，我們發現閱讀不僅活化了自己的思辨能力，也為作文內容添加別人難以複製的創意。

閱讀，就是這樣神奇！它使得作文取材變得更多元，無論是生命經驗的延展，抑或是抒情節奏的渲染，還是精緻說理力量的培養，都能為我們的文章灌注源源不絕的文學活水。

第8章

感覺聯想取材：
抒情的節奏

每一篇以感覺和聯想作為取材的文章，都帶著濃烈的抒情色彩，即使看不見流動的抽象情感，我們仍能以具體的事物，詮釋那些翻騰在心中的千百種滋味。

生活中所發生的每一件事情，都蘊藏豐富的感覺，只要我們願意張開聯想的翅膀認真感受，一如泰戈爾所說：「天空沒有留下翅膀的痕跡，而我已飛過。」文字所記錄的每一分情感，都見證了我們飛過天空的深深印記。

讓我們一起跟隨創作坊孩子的抒情節奏，看看他們如何以「感覺」和「聯想」作為文章取材。

● 一 以吳宜軒的〈水和火〉為例

以具體大自然現象為作文題目的〈水和火〉，在宜軒的眼中早已不再單純，她聯想起阿公過世的那一晚，重新賦予「水和火」更為鮮明的意象，並根據這意象，點點滴滴傾倒出她洶湧不止的悲傷情緒。

火，成為宜軒筆下的煙火，為這篇哀傷的文章，燃起一個格外熱鬧的開頭：

　　過年快到了，天空四處出現煙火，在晚餐前準備吃下第一口時，耳邊就聽到各種煙火「碰碰」聲，鄰居們各自用華麗的煙火在倒數過年，急得我也快速吃完晚餐去買煙火玩。就這樣一天又一天，一直熱鬧到過年。

　　藏在華麗開頭背後的，卻是一個冷冰冰的噩耗。大年初一，宜軒和家人前往醫院，只得到「阿公永遠不會再醒來」的遺憾消息。一屋子的人護送阿公的遺體回到家裡，姑姑一句「幸好，阿公又長了一歲」，把每一個人的眼淚催得更急了，而屋外的煙火還是好亮好亮：

　　為何煙火可以這麼的快樂？看著外頭的煙火，我似乎也看見阿公的樣子。溫暖絢爛的煙火，一如阿公生前如此愛我，眼淚不自主地流了下來，如水，靜靜把火的世界淹沒。煙火竟無法在這時刻讓我感覺到快樂。

　　宜軒以象徵「水」的淚眼，追問著燦亮的煙「火」：「為什麼可以如此快樂呢？」全世界不是應該跟著一起淹沒在淚水中嗎？為什麼明明站在該為人帶來快樂的華麗夜空下，卻怎麼也無法點燃笑容？

　　熱鬧的煙火帶出令人心痛的消息，傷心的淚水質問依舊燦

爛的煙火，一層又一層的強烈對照力量，細細渲染了她不捨阿公離開人間的哀痛情緒，那深沉的愛伴隨著抒情的節奏，已重重撞擊每一位讀者的心。

二 以鄭佩芸的〈最美麗的母親〉為例

許多人提起筆來，便傾盡全力地描摹母親在自己眼中如何美麗著，佩芸則老實承認母親始終是嚴肅的代表，她從未想像過這張冷峻面具的背後，會藏著什麼樣的溫暖可能。直到自己因為手骨折被送進醫院的那一瞬間，她才赫然發現，母親竟還藏著另外一種容顏：

回顧那一刻，母親嚴肅的面具早已不知不覺掉了下來，呈現出來的是一位原原本本、毫無任何遮掩的婦人，當時唯一想到的第一句話是：妳是我的媽媽嗎？我進了醫院的當下，思考著這個問題，覺得自己好蠢，那才是真正的母親。如果可以的話，我好希望手再多斷幾次，或者讓時間停止在這一刻。母親的擔憂顯現出的慈愛使我看到母親的臉在發光，頓時使她好美好美。

透過再平常不過的受傷生命經驗，佩芸以「戴著面具的嚴肅的母親」和「卸下面具後擔憂的母親」形成強烈對照，告訴我們，那早已不自覺脫下僵硬面具的母親，正為自己擔憂不

已，而那愁苦的臉龐，在佩芸眼中卻是發亮的容顏，同時也是記憶中母親最美麗的瞬間。

佩芸以自己的生命經驗向我們證明母親一直心繫子女。儘管事件過後，母親再度冷靜戴上面具，但佩芸始終銘記：

之後雖然媽媽嚴肅的面容回來了，但是我的記憶始終停留在那一刻，剎那間媽媽的面容不再那麼不可親近了，迎面而來的是她嚴肅卻又美好的笑容。

因為曾經見證過母親關愛自己的美麗瞬間，佩芸明白，今後無論母親必須戴上何種嚴肅的面具，面具底下永遠藏著溫柔的情感和美好的笑容。她和母親之間的遙遠距離，也將因為這幅瞬間畫面所蘊藏的永恆意義，而逐漸拉近、再拉近。

三 以黃子恩的〈等待〉為例

子恩以「夢」的感覺和聯想作為取材角度，訴說他的深沉等待：

夢，一種虛假的想像，永遠只有短短的一瞬間，永遠只存在短短的睡眠。在夢中，自己永遠最大，但這虛假的東西，總是在最後一刻破碎。我一直等待著，一場短短的美夢。

即使明知夢是如此虛假、易碎，子恩仍然衷心等待一場美夢。在此，子恩創造了一個令人好奇的開頭，他將「根本難以

等待的夢」和「自己堅強的等待意志」並置，形成極為強烈的對照力量。我們忍不住要問，究竟是什麼樣的美夢深深吸引子恩呢？

我是多麼的渴望，即使只有一刻也好，再一次，做那美夢，夢見我和我快樂的朋友，永遠只有我們二個人，永遠活在只有二個人的世界裡，永遠沒有人管我們，那是一場多美的夢啊！

為此，子恩等待著、渴望著，只要美夢到來，他將傾盡所有和這場美夢一起老去：

活在那夢的世界裡直到有一天，有了新的渴望，我們還是默默的等著，而不多求。即使有一天，失火了，我們還是默默的等著，直到火熄滅。即使我們喪失了所有，我們也只會慢慢的等它，直到我們老去，直到我們死去，直到我們的夢支離破碎後，再繼續等待下一場夢的出現。

子恩以濃烈的抒情節奏，一層又一層地向我們揭示，無論碰到多少困難，他都要拚命守護這場得來不易的美夢，除非夢已支離破碎，再無容身的地方為止，即便如此，他仍要持續等下一場夢的出現！子恩誓守美夢的深情文字，照見他對於等待的堅持和執著。

夢，這個被子恩稱為「被動的等待帝國」，他置身其中，

牢牢把握每一個能夠主動的機會。生命因為等待，開始充滿曲曲折折的變化，而每一個懂得等待的生命，無論結果如何，都將因此活得更為精緻、豐富。

第9章

議題探討取材：
說理的力量

　　我們以作文為舞台，發表自己的精采見識，好像參與一場辯論大賽，「真理」因為我們不斷思考、不斷爭辯，而一點一滴被雕塑出來。

　　以議題探討作為作文取材路線，我們將在其中看見每一個人認真看待生活，努力讓生命變得更為充實、圓滿的樣貌。一起看看創作坊孩子如何在一次次的書寫過程裡，琢磨出發亮的真理，並流轉著精緻的光芒吧。

一　以曾詠茹的〈三種問題〉為例

　　詠茹一開頭便說自己的宇宙中，充滿著比星星還要繁多的問號，經常遨翔於問號星海的她，發現「問題」由淺至深，可分為三類：

　　第一種是最單純且不複雜的問題，像是「蘋果會從樹上掉下來嗎」？這類的問題，幾乎都可以迎刃而解，容易使人感到輕鬆；但在反覆思考過後，我們通常會浮出第二種較艱難的問

題，如同牛頓一樣，知道蘋果會從樹上掉下來，仔細思考後又想到了「它會往哪個方向掉」？這是使人運用右腦的好機會；在即將看到結果時，最深奧的問題往往會伴隨著出現，它最容易使我們掉進幽深的谷底，感到絕望，彷彿再也找不到前路，而其實只要轉個彎思考，便會發現天空和陽光一直都在抬頭可見的地方。一旦想通，攀爬出深淵的方法也會出現，我們將重新站在平地上發現新的天空、新的陽光、新的理論。我想牛頓就是經歷這樣的過程，才會提出萬有引力的！

　　以思考的難易程度作為書寫主軸，詠茹將輕鬆的、艱難的、需轉個彎思考的三種問題緊緊聯繫起來，吸引我們的注意力，行文中所透露的由淺至深的層次感，以及清晰的邏輯條理，更強化了她說理的力量，我們真的跟著開始相信，世界上的問題就是這樣分類的！

　　所有的議題探討，都是為了讓我們檢視自己的生活，思索讓生命變得更好的可能。詠茹提出三種問題之後，接著她進一步反思自己的生活，將焦點轉回身上，藉由一個個的問題，從最表面的外在，一層層深入內在的自己，也從最親近的家人向外擴及朋友、同學。唯有經過不斷地思考與追問，我們才能不意氣用事，也才能看清楚真相，繼而傾聽內在的聲音，照見每一雙因我們而悲喜交集的關注眼神。

最後，詠茹告訴我們，這三種問題同時也是握在我們手中的夢想鑰匙：

　　三種問題，對我而言便是前往夢想星球的火箭一樣，把宇宙中的問號都解決後，夢想的鑰匙最後會跑到我的手中，因此我要永遠記著必須不斷思考問題。

　　是的，只要我們願意不斷思考三種問題，就能更加靠近夢想的門口。

二 以陳怡文的〈生和死〉為例

　　還是國中新鮮人的怡文，面對〈生和死〉問題，嶄露出早熟的見識，對大人而言都還過於沉重的死亡議題，怡文卻能夠以極冷靜而又分外深情的取材角度切入，相當難得。文章一開始，便簡潔有力地為每一個活著的人揭示生命的真理──我們雖然無法決定生命的長短，但我們可以決定它的內容。

　　生命，一直是個未知數，什麼時候開始，什麼時候結束，只有讓命運來決定。但開始之後、結束之前，結束之後、直到下一次開始之前的過程，又是個什麼樣的世界，讓自己來定義。

　　拋開生和死的日期，命運之外的世界，由我們定義，這是怡文面對生死時，冷靜而堅毅的態度。我們能夠掌控的世界，

在怡文眼中，它包含一切令人快樂的歡笑聲，也收納所有心底的傷口，這些全都豐富了我們的生命，怡文深情看待活著的每一天，「生」之於她而言，充滿意義。

生，我們責無旁貸；死，我們同樣無法遁逃。怡文更進一步將生命比喻成列車，說明父母、朋友、老師……，全都是陪自己一起搭乘火車的人。這輛列車可以不停往前奔跑，而每個與我們同行的親朋好友，卻未必能和我們一起到達終點站：

終究沒有任何一人能夠陪自己坐到終點站，當人們陸續下車，只剩下自己孤單而年老的身影，有說不出的悲傷，但這也是每個人必經的歷程。火車繼續開動，沒有人知道，到了終點站之後，要面對的是什麼？

「死」的確是我們必然面對的生命歷程，怡文繼續說明，生和死就是這樣不停地交替上演，提早下車的人，和趕著上車的人，像是冰冷與熱鬧的極端世界，在黑暗中錯肩：

下了車，黑暗奪去了所有的一切，在一片吵鬧聲中又開始了下一班列車，中間究竟發生了什麼事？黑暗似乎沒有留下任何記號，就這樣從容離開了，但當列車將停靠終點，它又在那等待著。死後的世界、活著的世界，一個冰冷、一個熱鬧，兩個極端的時間，在這世上不斷的重複著。

怡文以「黑暗」象徵我們無能控制的命運，黑暗從不留下

任何記號，什麼時候生？什麼時候死？沒有人知道。相較於黑暗的無情，我們唯一能做的就是像怡文一樣，深情收藏生命中所有的歡愉和疼痛，學會承情與感恩，讓我們的生命列車始終洋溢著溫暖的燈光。

看似冷靜，其實蘊藏無限深情的筆觸，怡文為〈生和死〉如此嚴肅、沉重的議題，提出關於「認真活著」的精緻說理力量，一種必須活在當下、珍惜所擁有的一切的生命真締。

三　以溫佳寧的〈珍惜〉為例

一向害羞內向的佳寧，在書寫〈珍惜〉時，以議題探討作為取材，討論「珍惜是什麼」、「為何珍惜」、以及「珍惜對自己而言的最終意義為何」，只見她有條有理，一層一層地呈現出內在的驚人寬闊胸襟，也為我們說明人生將因珍惜而變得幸福的可能。

佳寧一開始告訴我們：

我們要珍惜世界上所有的一切，不論它的價值，不論它的好壞。但任何事物就像一顆顆珍珠，總要擦亮它，它才會發出耀眼的光彩。

珍惜，不會因為它的價值、它的好壞而有所區別，佳寧透過「擦拭珍珠」的精緻意象，讓我們明白：再怎麼毫不起眼的

一切，都將因為我們細細擦拭而綻露光亮。接著，佳寧進一步檢視自己所收藏的每一顆珍珠：

我最珍惜和家人、朋友之間的友誼，和他們在一起就會成為一顆珍珠，我把這一顆顆晶瑩剔透的珍珠都收集在我的珠寶盒中。和朋友在一起，就像在黑暗中點燃一把火，慢慢的，越燃越旺，這是我最幸福的時刻，我把它們都收集在我的珠寶盒中。

幸福的時刻，正如黑暗中點燃的火把，緩慢且熱烈地焚燒著，我們看見佳寧珍惜身邊每一個人的心意。然而，佳寧的珠寶盒收納的並不只是這些在近處滾動的珍珠，她看得比一般人更遠，她還要分送自己所獲得的幸福，給每一位在黑暗深淵中無處可去的陌生人，讓他們知道，對生命要永遠懷抱希望。

文章寫到這裡，我們對於佳寧想「珍惜所有人」的大志向已佩服不止，然而，文章的結尾處，佳寧拋出一個更大的世界，讓所有讀者為之震撼：

我們應該瞭解大家所珍惜的一切，再一起好好愛護它，才能共同創造一個充滿「珍惜」的美好世界，這就是我最「珍惜」的事。

是不是很驚人！珍惜一個大家所共同創造的美好世界，就是佳寧最珍惜的事！

這個安靜的孩子，以自己為原點，不斷向外拓展她對世界的厚重珍惜心意，生命就是因為我們懂得承情和感恩，才開始天寬地闊起來。佳寧以她極有層次的說理力量，向我們證明幸福所能到達的遠方。

　　會考寫作測驗是一場旅程，當我們明白檢視自我生活、提早面對人生功課是這場旅程的主要目的，知道生命經驗和閱讀資料都能豐富寫作內容，並懂得視題目類型採「偏重抒情」的感覺聯想取材或「偏重說理」的議題探討取材路線航行時，便代表我們已經做好基本準備，等待展開尋找深海大祕寶的冒險旅程了。

　　為了讓這趟冒險旅程能夠進行得更順利、更圓滿，身為煉金術師的我們，必須立即修行地表最強煉金術——**結構對照**，這大招一旦練成，我們將成為最厲害的作文煉金術師唷！

卷三

修煉地表最強
煉金術：
結構對照

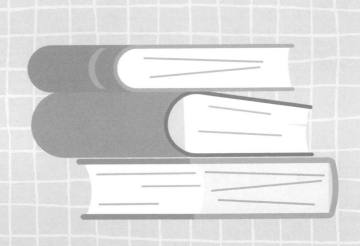

第10章

認識
作文結構

 掌握作文的三個要素

　　會考評分標準依據考生在「立意取材」、「結構組織」、「遣詞造句」、「錯別字、格式與標點符號」這四方面的表現打分數，最低零級分，最高六級分，右頁附上會考作文四至六級分的評分標準，供大家參考：

　　立意取材，是作文的「內容」；結構組織，是作文的「結構」；而遣詞造句，以及錯別字、格式與標點符號，是作文的「修辭」。亦即，**內容、結構、修辭，就是掌握作文成敗的三個要素！**

　　內容，指的是我們的生命經驗、閱讀資料、感覺、見解；結構，則是文章的段落安排，每一段放置我們精心剪裁的內容，一段接著一段，環環相扣，使前後文形成緊密連貫且有層次的關係；修辭，即是透過遣詞造句，修飾、美化我們的文章，並以細膩精準的文字，將流動的情緒和感人的力量，一一催化出來。此外，必須減少錯字，注意正確的寫作格式及標點

國民中學學生寫作測驗評分規準一覽表（節錄）

級分	評分標準	
六級分	六級分的文章是優秀的，這種文章明顯具有下列特徵：	
	立意取材	能依據題目或寫作任務，適切地統整、運用材料，並能進一步闡述說明以凸顯主旨。
	結構組織	文章結構完整，脈絡分明，內容前後連貫。
	遣詞造句	能精確使用語詞，並有效運用各種句型使文句流暢。
	錯別字、格式與標點符號	幾乎沒有錯別字，及格式、標點符號運用上的錯誤。
五級分	五級分的文章在一般水準之上，這種文章明顯具有下列特徵：	
	立意取材	能依據題目或寫作任務，適當地統整、運用材料，並能闡述說明主旨。
	結構組織	文章結構完整，但偶有轉折不流暢之處。
	遣詞造句	能正確使用語詞，並運用各種句型使文句通順。
	錯別字、格式與標點符號	少有錯別字，及格式、標點符號運用上的錯誤，但並不影響文意的表達。
四級分	四級分的文章已達一般水準，這種文章明顯具有下列特徵：	
	立意取材	能依據題目或寫作任務，統整、運用材料，尚能闡述說明主旨。
	結構組織	文章結構大致完整，但偶有不連貫、轉折不清之處。
	遣詞造句	能正確使用語詞，文意表達尚稱清楚，但有時會出現冗詞贅句；句型較無變化。
	錯別字、格式與標點符號	有一些錯別字，及格式、標點符號運用上的錯誤，但不至於造成理解上太大的困難。

符號的使用，才能提升讀者閱讀文章的流暢感。

　　隨著會考寫作測驗實行多年，想要搜尋一個好的材料，對於現今的國中生而言，只要多用心整理生活，並不成大問題；修辭是寫作基本功，相較於內容和結構而言，只要多練習，便能速成；而如何才能「完整表達」、「強烈凸顯」這樣的好材料，恐怕才是決定文章成敗關鍵的問題所在。也就是說，即使我們有辦法「想」出一個好的題材，也未必有能力將它「寫」得完整、深刻。

　　因此，我們得重新認識作文結構，好好練就這招地表最強的煉金術，才能成為不被淘汰的無敵作文煉金術師。

⚫二 認識作文結構

　　結構，指的就是文章鋪陳的方法，古人以「起、承、轉、合」作為文章的結構，一直流傳至今，現在仍有許多學生和老師沿用。創作坊的黃秋芳老師則自1990年開始，為這套老教條重新賦予新生命，她將「起、承、轉、合」改稱為「背景」、「細節」、「變化」、「結論」，這個新口訣不僅讓作文結構變得更簡單、更容易理解，同時也方便記誦。現在讓我們一起認識它，並且牢記在心：

1. 背景

面對作文題目，心中會有一些主要的想法和感覺，為了讓構思的材料能夠鮮明呈現，我們必須先在作文的開頭，設計一幅吸引讀者目光的「畫面」，或者營造出動人的「氣氛」，這就是背景。背景強調鮮明的畫面或氣氛的醞釀，想像寫作文的我們是一位電影導演，正指導攝影師，為電影尋找極具代表性的特別畫面，或是一個擁有濃烈氣氛的動人場景。

2. 細節

精心營造一個背景之後，接著得將作文材料中關鍵的人、事、時、地、物一一放進去，而與其相關的外在表情與動作，或者內在的感受和想法，都要進行更詳細且深入的描繪。彷彿電影已經開拍，我們針對背景所鋪陳的畫面或氣氛，進一步延伸出更多的細節，以豐富作品內容，並提供更多線索的暗示。

3. 變化

指的就是全文的高潮，或是突如其來的意外轉折，甚至是改採完全相反的、對立的角度來書寫文章。想想看，一部電影，如果從頭到尾沒有任何衝突、掙扎產生，一定會讓人昏昏欲睡，因為它缺少一種驚喜感，一種使人振奮的力量。而一篇作文也是這樣，絕對不能從頭至尾都平鋪直述，一定要凸顯

「變化」，製造強烈的對照力量，使文章產生震撼人心的立體效果。

4. 結論

文章寫到最後，無論是生命經驗的檢視，或是議題的探討，還是感覺聯想的延伸，記得必須針對書寫主軸，進一步延伸出做人做事的態度和方法，並跳出原本敘述的事件本身，拔高視野，找出使人生活得更好的可能，為文章寫下全面且深入的結論，或留下深刻的動人餘味。

三 作文結構小叮嚀

1. 段與段之間要環環相扣

背景、細節、變化、結論，是一個緊密相連的紮實作文結構體，好像一支團結的啦啦隊，背景拉著細節的手，細節拉著變化的手，變化拉著結論的手，它們緊緊相扣，聯手架構出一篇完整且連貫的好文章。

注意，每一段的最後一句，一定要和下一段的第一句產生關聯，必須使每一段的內容都能順利銜接起來，環環相扣，才不會讓文章產生突兀的斷裂，給人破碎的不完整感。

2. 確立一個主要的書寫重點

每篇文章，只需確立一個主要的書寫重點即可，這樣文章的力量才能完全集中，我們想表達的想法也才能清楚聚焦。

當我們跟隨作文結構逐步進行材料的鋪陳與裁切時，為了凸顯我們的書寫主軸，記得一定要有「特寫鏡頭」。好像我們手中持著一台照相機，面對鏡頭前的任何一個景象，我們都得竭盡所能地放大它，把「心情感受」和「事件細節」一點一滴停格放大，如此一來，情緒的流動才會昭然可見，事件也才能為文章添加更多豐富的線索。

3. 擁有一條鮮明而連貫的寫作主軸

我們當然也可以在每一段的內容中，放入不同的寫作材料，無論是具體的事件，或是抽象的感覺和見解，務必記得一**定要為這些「看似不同」的材料，找出它們「成為一體」的可能，讓文章擁有一條鮮明而連貫的寫作主軸**。透過這條主軸，我們才能把各色材料通通串連起來，像一顆顆珍珠被鏈子串成一條珍珠項鍊，使它們彼此之間都有關係，而不是毫不相關的獨立個體。

除此之外，還必須進一步在結論裡，提出我們串連這些材料的背後深意，使得文章一氣呵成，首尾連貫，創造出驚人的

聯結力量，以及層次分明的條理。這樣一來，就算各段內容擁有不同的素材，文章也不會因此而斷裂、鬆散，讓人摸不著頭緒了。

第11章

強化「變化」的
對照力量

　　幾乎每一個人，在腦海裡植入「背景、細節、變化、結論」的寫作公式之後，總會在書寫的同時，不約而同問道：「變化到底該怎麼寫？」或「我的取材要怎麼放入變化？」

　　的確，「變化」是大多數人最為困擾的地方，同時也是我們最容易把一盤寫作好材料打翻的關鍵段落。

　　一篇文章如同一份我們精心挑選、包裝的禮物，如果缺少「變化」這把打開禮物盒子的鑰匙，讀者便無從知道禮物的內容，自然也無法感受到我們想表達的心意。

　　因此，光是記誦作文結構還不夠，我們還必須培養在文章中創造「意外變化」的能力。

● 避免「卡通式」的強烈意外變化

　　剛接觸作文的初學者，只要一碰到「意外的變化」，真的就會創造出一個令人「驚嚇」的內容。比如讓創作坊孩子寫〈我的家〉，孩子們會先極力敘述家庭的溫暖和樂，到了意外

的變化，就會出現各種杜撰版本的「家人死亡事故」！這樣的內容，的確在文章中創造了強烈的對照力量，但也讓所有的老師嚇出一身冷汗，感到啼笑皆非。

「意外的變化」，並不代表所有的作文材料到了這裡，全得發生一個「不好的結局」，才能形成對照的力量。像這類充滿卡通式的熱鬧、突兀、甚至灑狗血的意外變化，只會削弱文章的說服力，無法進一步提煉出我們的深刻情緒和獨到見識，唯有竭力避免，文章才能真正延展出深度。

又比如讓創作坊孩子寫〈請到我的家鄉來〉，孩子們詳細羅列家鄉美麗豐富的景致特色，意外的變化則千篇一律，都以「大自然被破壞，心生美景不再的沉痛，繼而強調環保的重要」作為切入角度，這個意外的變化雖然看起來合情合理，也的確從相反的角度製造對立的力量，但這樣的「變化」實在太普遍了！當所有人都這樣行文時，便顯現不出自己的獨特性，自然難以讓人留下深刻的印象。

除了學會避免書寫卡通式的意外變化之外，還得學著大方刪除那些很容易浮出腦袋的第一個變化角度，才有可能讓作品擺脫俗套，於千萬人之中脫穎而出。意外的變化猶如穿著一襲墨色禮服的夜空，唯有不斷醞釀、創造我們的獨特判斷和精彩見識，才能為那襲黯黑禮服，密密縫製燦爛星光。

⼆ 透過「變化」呈現獨到的判斷與精彩見識

因為有意外的變化，使得原本平面的作文材料，產生思考的立體空間，繼而竄長出令人驚喜的特殊體悟，文章才能深深鑽入每個人心底，激發更多共鳴。一個精采的變化，不僅能在文章製造鮮明的對照力量，同時也完整呈現書寫者的獨到判斷與精彩見識，這些特別的個人判斷與見識，就是強化「意外變化」的深邃力量。

接下來，我們以創作坊孩子的作品為例，看看他們如何以自己的判斷與見識，強化「變化」的對照力量。

1. 新鮮而精準的判斷：以彭明盛的〈櫥窗〉為例

背景：擁擠的百貨公司櫥窗，折射出明亮的美麗光芒，琳瑯滿目的商品全被一一照見。而有時從另一個角度認真去看，我們的眼中就沒有了這些商品，我們只看見自己的影子。

細節：當一扇櫥窗鑲上鑽石變得富麗後，它將再也看不見外面的世界了。一如當我們一點一滴加上金銀裝飾後，就永遠不會知道「為什麼每個人都漸漸離自己而去」。我們從沒發現自己在擁有一切的權力和財富之後，就少了朋友，也失去了快樂。在燈光燦亮的美麗櫥窗中，我們只看見自己。

變化：如果我們願意將玻璃櫥窗內的燈熄下，就可以看見

玻璃窗外的一切，我們將不再只看見自己，只為自己而努力，我們可以認真讓身邊的家人、朋友感到快樂。即使不再成為眾所矚目的焦點，即使少了金銀珠寶堆砌的光亮，但我們的心中會盈載著飽滿的幸福能量。

結論：看見更多的人，為更多的人著想，才是一扇最美麗的生命櫥窗，而所有與我們交集的人，也才能真正看見我們，感受我們的真實溫度。

明盛在文章的「背景」，提出一個極具個性的特殊判斷「櫥窗映現的是我們自己的影子」。針對這個判斷，明盛在「細節」裡，深入說明他提出這個判斷的原因，他將「櫥窗的特性」與「人生處境」進行巧妙聯結，我們發現：光鮮亮麗的櫥窗其實是最貧窮的，一如擁有權力和財富的人們，他們大多只看見自己，也只能擁抱自己。

接著，明盛透過「變化」，提出我們如何擺脫只看見自己的可悲處境，他告訴每一個人，只要我們像熄了燈的櫥窗般，關掉身上釋放的燦燦光芒，便能穿透由金錢和權力築成的玻璃窗，看見身邊的家人和朋友，聽見他們的感受與需要。明盛以「發亮到只看得見自己的櫥窗」和「熄了燈看見玻璃窗外世界的櫥窗」形成震撼人心的強烈對比，映照出一種讓我們活得更好的人生可能。

最後，我們還要牢記：為文章下判斷後，一定要進一步詳細說明下這個判斷的原因，並且提出應對的態度和做法。我們才能使這個判斷成為新鮮的個人特色，也才能精準強化「變化」的對照力量唷！

2. 富有條理、層次的見識：以黃家嬅的〈我找不到夢想〉為例

背景：「你要不要學這個？」是兒時最常聽見的問句，也許是當時不懂事，也許是真心好奇，我竟全都答應了，把每星期的才藝課程添加到五種以上，也的確為我與夢想的距離拉近不少。

細節：這樣的環境造就了什麼都會一點點的我，使得原本行走的夢想道路上多出了很多岔路，每條路彷彿都爭相告訴我它才是最好最棒的，我也經常為此放棄了原本走得好好的路。夢想換了又換，直到最後我迷路了，由於不停地更動夢想的方向，導致行經的路途周圍早已塵土飛揚，更加看不清楚前方路線，也找不回原本走得好好的那條路徑了。

變化：這並不是因為學習了太多才藝課程所導致，而是我太容易被影響，又會很輕易地被別人的一句話動搖。也曾想過去改變這個問題，但它就像被卡在很小空間裡的物品，不管我

如何移動它都始終拿不出來。這讓我想起了迷失在夢想道路上的自己。或許夢想本來就不遙遠，只是有太多的選擇卡在了通往它的道路上，最終把不夠堅定的我一步步帶離開它，甚至漸漸遺忘了它。

結論：夢想原本就不是容易達成的事，它像一場漫長的馬拉松，比的不是誰有錢、誰天生就很厲害，它比的是誰更堅定、更努力。人生也是如此，我們會遇上很多選項，前方必然出現很多條吸引人的道路，而我們要選的是真正熱愛、瘋狂的，才不會走著走著便遺失了它。

家嬅在「背景」中，以家人詢問的一句「你要不要學這個」，而自己照單全收的畫面，為夢想的起點鋪路。這生動的開頭，讓我們立刻明白她擁有豐富多元的學習資源。

多才多藝的成長歷程，理應能為通往夢想的路上，提供不少明確的路標和捷徑。但家嬅在「細節」裡，顛覆這樣的刻板印象，她誠實寫下學了很多才藝，卻「什麼都只會一點點」的自己，遇見一個又一個的夢想岔路，最後陷入找不到夢想的困境。家嬅還運用相當漂亮的意象，呈現自己早已迷路的事實：「夢想換了又換，直到最後我迷路了，由於不停地更動夢想的方向，導致行經的路途周圍早已塵土飛揚，更加看不清楚路線，也找不回原本走得好好的那條路徑了。」

當讀者都篤定認為造成家嬅迷路的主因正是「什麼都會一點點，且選項太多」時，家嬅卻透過第三段「變化」的自我檢視，指出會迷路是因為「心不夠堅定，又太容易被他人影響」的個性所致。再仔細觀看這篇文章的佈局，我們會發現第一段與第二段形成對照，第三段又與第一、二段形成對照，家嬅不斷推翻前段陳述，也一再翻轉讀者的認知，使得文章一層又一層地推導出新的觀點，不僅充滿「由淺至深」的層次感，讀來極有條理，也增加了閱讀的樂趣。

　　最後，家嬅在第四段「結論」中提出如何找到夢想的關鍵態度，唯有自己真正熱愛、能為之瘋狂的夢想，才能使自己變得更堅定，更不受旁人的影響。這個結論提出「因熱愛而堅定」的觀點，又與前三段表達的「不夠愛而不堅定」形成鮮明對照，格外發人省思。無論我們握有多少資源，若不能真心愛著且堅定擁抱著，再觸手可及的夢想最終都將錯肩而過；也是在這一刻，我們清楚照見，有時擁有太多選擇，未必是人生的祝福。

第12章

讓文章畫龍點睛：
對照的效果

一 和「對照」相遇

當我們把兩種相反、對立的觀點或事物放在一起，在文章中形成強烈的對比時，將使我們原本想要表達的意思，顯現出特別深刻的力量。

泰戈爾曾說：「行人雖擁擠，路卻寂寞；因為沒有人愛它。」句中的「擁擠」和「寂寞」形成強烈的對比，泰戈爾透過這個對照的力量，精采表達出一條缺少行人關愛的道路，就算身上擁有無數行走的步履，卻還是感到無比寂寞。我們會發現，在越熱鬧、擁擠的地方所凸顯出的寂寞，往往也越能鮮明烙印在每一個讀者的心中，這就是「對照」的效果，它具有一股撞擊人心的沉厚力量。

可見，善用字、句的對照，將能為我們的文章加分，但一篇文章如果充滿對照的句子，反而會帶來可怕的反效果！因此，對照字句的使用，只要能用得恰到好處，即使少少一兩句，也能帶來令人驚豔的效果。除此之外，一篇作文能不能打

動人心，關鍵還是在於它能否營造出精采的「意外變化」。至於我們要如何隨時蓄滿製造變化的材料？則得先竭盡所能提高自己和「對照」相遇的機率。

學著在生活中專注搜尋對照的材料，將會提高我們和對照相遇的機率，同時也能一點一滴整理自己的感覺。那些深藏在我們心底，因為某些理由而開始馳騁的「抽象感覺」，他人根本無法看穿，我們必須一次又一次透過各種「具體畫面」，鮮明呈顯那些紛雜的抽象情緒，使之蛻變為動人的意象，唯有如此，感覺的流動才能被完整見證。

現在，讓我們打開身上所有的開關，將感覺天線拉得長長的，一起感受這世界所蘊藏的豐富對照材料吧！

1. 大自然

大自然藏有豐富的對照材料，只要我們經常停下腳步細心觀察，就會發現它們是人生劇場的最佳表演者，能以各種姿態詮釋人生的千萬種可能。比如：「大海」與「湖泊」，形成了「大」和「小」、「無限」和「有限」的強烈對照力量。

2. 器具特寫

小至身邊的桌燈、眼鏡，大至交通工具火車、飛機，都可以成為書寫對照的材料，它們的特色和功用，全都能夠延伸出

豐富的意象與深刻的意義。創作坊孩子凌郁翔，曾在文章中提過一個很有意思的對照例子：一本只買了一個星期的新書，卻因為愛不釋手，不斷翻閱的結果，使得這本新書瞬間老去，有了和它年紀不相符的破舊表皮。這本「新」書擁有「舊」樣貌，讓人深刻感受到閱讀的積極態度，非常動人！

3. 肢體細節

人，是一個藏寶箱，無論是臉上的表情、感官知覺、肢體動作⋯⋯，這些細微的點滴變化，都藏著難以斗量的深邃情感。創作坊孩子吳宜軒曾經這樣書寫〈最美麗的母親〉，當她看見母親總是拿著粉撲，一遍又一遍地將脂粉塗滿整張臉，好蓋掉那一條條隨著歲月而不斷刻下的皺紋時，宜軒想告訴母親：「這些皺紋，其實正是母親之所以美麗的原因，那每一條歲月的紋路，都鑲滿濃烈的愛。」宜軒以「母親用脂粉蓋掉的不美皺紋」和「我視為濃烈的愛的美麗皺紋」形成鮮明對照，細膩刻劃母親為子女奉獻一切的愛，令人深深動容！

4. 生活體驗

生命猶如一張空白圖畫紙，因為擁有各種生活體驗，逐漸彩繪上繽紛的色彩，成為一幅個人的獨特生命風景，而這些豐富我們的生活體驗，同時也是儲存對照材料的寶貝倉庫。

創作坊孩子陳靖淵，描述媽媽騎著摩托車載送自己到創作坊上作文課，下了車，目送媽媽的背影消失在煙塵瀰漫的炎熱暑氣中，自己則走上二樓的創作坊。一進門，感受滿室舒適的涼意與柔黃的燈光，他突然難過地想起豔陽下媽媽辛苦的背影，便告訴自己：一定要好好學習作文，絕不辜負媽媽的心意。靖淵以學習作文的生活體驗，將「炎熱街道」和「涼爽創作坊」、「辛苦的媽媽」與「幸福的自己」形成了極為強烈的對比畫面，這樣的鮮明對照力量，使得靖淵的難過與期許，顯得格外深刻、立體。

二　三種對照的效果

作文的對照效果共有三類，分別是「**字與字的對照**」、「**句與句的對照**」、「**段與段的對照**」。比如前文提到的泰戈爾句子「行人雖擁擠，路卻寂寞；因為沒有人愛它」，其中「擁擠」和「寂寞」就是「字和字的對照」，而「行人雖擁擠」和「路卻寂寞」則是「句與句的對照」。我們寫作文時，可由字拉長變成句，再由句拉長變成段，不論字和字、句和句、段和段，它們全都可以製造出對照的效果。

我們先看看創作坊孩子寫的對照句子，接著再換自己練習看看，試著為自己種下一棵又一棵的文學樹吧。

1. 大自然

▶「天空，已經不是我發呆時間的眼睛落點，而是我尋找自我的地方。」──紀怡箴

▶「許多時候，困難如風一樣，不斷地吹著我們那薄薄的帆船。」──朱翊菱

❖試著對照練習，為自己種一棵文學樹：

_____

_____

_____

2. 器具特寫

▶「飛機越飛越高，我們之間的距離越拉越遠，我的愁緒隨著飛機的渺小越來越長、越來越長……」──陳昱綺

▶「像玻璃般透明的心，硬生生的被敲成碎片，也沾了地上的灰塵。」──李佳臻

❖試著對照練習，為自己種一棵文學樹：

_____

_____

_____

3. 肢體細節

▶「光，刺痛了我的眼睛，一抹微笑，卻出現在嘴角。」
——郭冠宏

▶「母親牽著我的手，一股溫暖的愛流進我這冰冷的身體。」——林子珺

❖試著對照練習，為自己種一棵文學樹：

_____

_____

_____

4. 生活體驗

▶「發臭的膿？好吃的口香糖？想不到這兩種情形，出自同一種病。」——謝蕢任

▶「每一次的生氣，雖讓人際關係產生裂痕，卻又緊緊將人連結得更緊密。」——徐照芸

▶「忙碌使我無須思考，悠閒使我得到滿足，而我選擇了忙碌。這對我的精神上來說也許是一個悲劇，但對我的生活卻是種磨練。」——余亞璇

❖試著對照練習，為自己種一棵文學樹：

_____

_____

_____

　　學會搜尋對照的材料，並懂得善用字、句的對照後，恭喜你，已經完成地表最強煉金術的熱身操囉！現在，我們將前往下一站練功，進一步瞭解如何在文章中營造出「段與段的對照」效果。

第13章

四種取材
的對照

一篇文章之所以讓人印象深刻，多半是因為在取材上，巧妙形成「段與段的對比」，遂撞擊出深沉動人的對照力量。這股驚人的對照力量，不僅能使我們的文章變得更為立體，讓人留下深刻印象，同時也能把我們所要表達的感情和想法，更清楚、精準地完整呈現。

我們可以從下列三種角度，學習「段與段的對比」功夫。

一 第一種對照：時間的對照

每個人身上都有一條長長的時間軸，標示過去、現在、未來的生命歷程。我們在不同的作文段落中，分別處理著過去與現在、現在與未來、孩提時期與成熟階段、無知與懂事、受傷與痊癒、困頓與富足……，隨著時間軸的變換，我們的想法和感覺有了不同層次的變化。讀者穿走在時間隧道時，也會跟著深深陶醉其中，和我們一起在文章中感受蛻變的可能，這就是「時間的對照」為文章帶來的深邃力量。

在處理「時間的對照」取材時，我們也可以適時加進「道具」或「人物」，強化段與段的對比效果。比如「一條暖和而鮮豔的小被子」和「脫了線褪了色，怎麼蓋也蓋不暖的小被子」；「背脊直挺挺，總是說：『動作快一點！』的外公」和「背脊彎彎，總是一股勁地傻笑，直說：『等我一下！』的外公」……，這些都能鮮明銘刻「時間上的對比」。

創作坊孩子曾靖倫的〈幸福〉，巧妙運用小道具「客廳的風扇式吊燈」，開展動人的時間對照，在段落與段落之間精采描摹幸福的真實樣貌。靖倫為文章的「背景」，創造了一個很有意思的開頭，從風扇式吊燈一條斷掉的控制線開始寫起，打斷這條線的人，不是頑皮的自己和弟弟，竟是爸爸。接著時間軸拉回過去，靖倫在「細節」告訴我們，爸爸對羽毛球有著不可思議的狂熱，一個禮拜總要打好幾次羽球才過癮，就算在家裡也要拿著拍子將羽球揮來揮去，意外就是這樣發生的。爸爸一如往常的揮拍，而飛出去的羽球，剛好打斷了風扇式吊燈的一條控制線，那斷了一半的線，明確刻下爸爸「犯罪」的事實。

時間軸又緩緩拉回現在，靖倫在「變化」中告訴我們，這幾年爸爸因升遷而工作量遽增，他在家裡休息的時間越來越少，即使有休假日，也根本抽不出時間打羽毛球，只能鎮日埋

在電腦桌前工作著。最後，每當靖倫不經意地望著那條斷了一半的風扇式吊燈控制線時，總會想起爸爸揮拍的動作、想起他對羽毛球的狂熱，為著爸爸曾經擁有過那樣悠閒的生活時光感到無比幸福。

　　靖倫透過小道具，分別在文章的「細節」和「變化」處理時間的對比取材，使爸爸「過去悠閒打球的時光」和「現在忙碌的工作生活」，形成強烈對照。這樣鮮明的對比效果，讓那條斷掉的控制線所代表的滿滿幸福，顯得格外珍貴且難得。

二 第二種對照：空間的對照

　　我們不可能永遠待在一個空間而不移動，隨著年歲增長，我們經歷的空間也會越來越多，見識也將跟著寬闊起來。每個人身上也都繫有一條空間軸，無論是大範圍和小範圍的變動差異，或是這一個空間與那一個空間帶給人的不同氛圍，只要空間軸開始變換，我們的心情和感受都會跟著產生微妙的化學變化。當我們在不同的作文段落處理「空間的對照」時，我們將會發現世界不再那麼狹小，生命其實擁有更多豐富的可能。

　　以創作坊孩子蕭微馨的〈同學會〉為例，一場設定二十年後舉辦的創作坊同學會，微馨透過兩個空間場景的變換，展現出迥異的氛圍和感受，也為這一場腦海中想像的同學會，延伸

出更為深沉的重要意義。

微馨的開頭「背景」，設定在二十年後的法庭現場：

每一天都與一張張愛狡辯的嘴巴生活在一起，各個狠角色都出了奇招要把全身的罪賴給別人。一間房子裡不停纏繞著「肅靜」兩個字，「啪啪啪」，女法官手中拿著槌子不停擺動著，正在法院裡與犯人談判，而那表情嚴肅的人就是我。

藉由這樣的背景刻劃，我們知道二十年後的微馨是一名女法官，她過得並不快樂，每天得板著嚴肅的臉，和一張張愛狡辯的嘴巴生活在一起，即使她已輕鬆入住豪宅，但生活似乎還缺少一些什麼。直到打包物品準備搬家時，意外翻到泰戈爾《漂鳥集》，一字一句讀著，想起二十年前在創作坊學習作文的一些事情，她決定翻出很久沒使用的通訊錄，進行同學會的邀約。

這場時間短暫的聚會，散發著《漂鳥集》、《詩經》的濃厚文學味，洋溢著和創作坊同學相聚的溫暖點滴，也為微馨嚴肅的法官生涯，溫柔織入一輩子能夠取暖的回憶。微馨以「法庭現場」和「同學會現場」作為空間對照的取材，透過空間的轉換，讓我們看見一位嚴肅的女法官，是如何在一間小小的咖啡店裡，被濃烈的文學幸福感暖暖包圍著。

我們相信，她生活中的缺憾，將因為這份溫馨的記憶，開

始擁有完整的可能。同時，這場再尋常不過的同學會也因為空間的對照取材，為微馨的人生增添了更深更沉的重要意義。

三 第三種對照：感覺的對照

在不同的作文段落，處理不同的感覺，比如：快樂和傷心、熱鬧和寂寞、新生和衰老……，這就是感覺的對照。**面對這些「抽象」的感覺，我們可以運用「具體」的人物、事件、時序、場景、道具，將它們一筆一畫勾勒出來，**讓所有的讀者都能夠更深切地感受它們的存在與流動。透過段與段之間的感覺對照，配合具體細節的描摹，我們想要表達的對立感覺，才能夠完整呈現，為我們的文章翻疊出立體的動人力量。

創作坊孩子鍾庭睿的〈花草樹木的記憶氣味〉，在「細節」中回憶小時候參與阿公製作桂花釀的現場：

我無意間發現阿公正在採摘一朵一朵的小花，當時年幼的我並不知道他在做什麼，只一股腦好奇地一起重複做著和他相同的動作，等到那盆裝滿的桂花被他拿進屋洗淨為止。甩水的時候真的很香，甜甜的味道彷彿冷卻了一整個炎夏的煩躁，安撫了我浮躁的情緒。當時還小不能用火，只能看著阿公在廚房先是炒乾它們，緊接著加糖，最後端出一鍋金黃又有點半透明的桂花釀。神奇的是將它放得越久就變得越香，泡成茶的香味

又是另一種風味。

豈料，「變化」筆鋒一轉：

直到現在，阿公在我未來的記憶裡注定永遠地離開了，一如快吃完的桂花釀，那份香甜即將消逝，一切終將變得無味。我不能也不想讓他消逝，我留不住生命，但我能讓我所愛的阿公活在我最幸福的記憶裡。我要一遍又一遍在生活中複製那曾經的甜，我雖不能讓死灰再次燃起，但我還能抓緊那份留在記憶中的幸福氣味，不再失去任何手上緊抓住的幸福。

真實的人生雖如此殘酷，庭睿卻不願輕易妥協，她堅持一遍遍複製那桂花釀的甜，讓最愛的阿公一直活在記憶裡。

庭睿也在「結論」中呈現精采的感覺對照，她逐漸明白原來童年時以為是再日常不過的桂花香氣味，現在竟成了珍貴且絕美的記憶：

那一陣一陣的香，不只是聞起來，更是駐足心裡的甜，或許我曾經不覺得那段童年的桂花香氣記憶竟會在日後變得多麼珍貴，但現在這是我和他僅存的沒有痛苦、只有快樂和幸福的一段歲月，我要永遠珍藏它。

桂花釀香氣也許可以一遍又一遍地複製，但阿公尚未沾染病痛的幸福時光卻是怎麼也複製不得的。庭睿透過具體的桂花釀與桂花香氣，一層層地在「擁有」與「失去」阿公的抽象感

覺間做強烈的對照，甚至提出一遍遍複製桂花香氣的傻氣方法，彷彿只要這樣做，那些失去就不算失去，即使我們都清楚那擁有也不那麼像擁有了。庭睿以如此濃烈的情感渲染著文章，透過感覺的層層對照下，讀來令人動容！

四 第四種對照：特質的對照

光明與黑暗、華麗與素樸、快與慢、科技與藝術……，這些截然不同的特質，都能成為段與段之間的鮮明對比力量，進一步為文章翻疊出令人驚豔的對照效果。

創作坊孩子劉以琳的〈光明與黑暗〉敘述在一次出遊中，和一大片閃耀金黃光芒的向日葵花田相遇的滿腔感動：

一瞬間，我的目光被這一大群充滿生命力的向日葵給緊緊抓住。看著、看著，心中的感動不自覺的湧上來。它們直挺挺的向著陽光，絲毫不畏懼任何的風雨摧殘，彷彿是一群充滿意志力的勇士，正宣示著永不離棄。

然而，下一秒鐘，她卻又憂慮不已：

不過，我卻有點擔心，這樣如此堅定不移的信念，是否會變質而成如夸父追日般的愚蠢。畢竟，那些為了陽光而存在的向日葵就像盲目追求所謂「光明的正義」的人一樣，終究會面臨做不到目標的失落，和走到生命盡頭的無奈。

以琳的情緒從「盈滿感動」到「心生擔憂」，向日葵花田也從「一群充滿意志力的勇士，宣示著永不放棄」變身為「盲目追求『光明的正義』，像夸父追日般愚蠢的人」，在段與段的特質對照下，以琳為文章銘刻最具說服力的結論：

　　真正的光明，不只存在於明亮的白日裡，它存在於任何一個人的心裡。心地光明，任何一束光在黑暗中都能被反射，都能清楚的照亮心底的每一個角落。

　　透過一層又一層的強烈對照，以琳已在文章中呈現出極具個人特色的精緻說理力量，令所有讀者為之驚豔。

第14章

結構、對照與
主題呈現

一 作文的立體感——對照的力量

還記得我們的作文結構嗎？是的！就是「背景、細節、變化、結論」。「背景」強調氣氛的醞釀或畫面的營造，「細節」則是針對「背景」進行相關且深入的描繪，「變化」必須在文章中製造深刻的對立力量，「結論」就是提出一個讓我們活得更好的態度和做法。

其中要特別注意的就是「**變化**」，我們不僅可以在「變化」本身，製造相反、對立的觀點和角度，來形成強烈的對照力量；還可以透過「段與段的對比」方式，在「背景」和「細節」之間，或在「細節」和「變化」之間，巧妙運用對比素材，如：時間、空間、感覺、特質等材料，來增加文章的立體感，讓文章翻疊出精采的對照可能。

要知道，一篇文章若只是平鋪直敘，毫無波瀾起伏，便很難吸引讀者的目光。因此，我們除了在身體裡牢牢安裝作文結構之外，還必須針對「變化」，進行深入的掃描和檢查。每一

次寫作都要殷切提醒自己：是否已在文章中添加了「變化」的要素？我們一定要竭盡所能創造作文的立體感，這可是一篇文章能否吸引人的重要關鍵。

只要反覆背誦作文結構要點，並謹慎留意「變化」的經營，我們的作文材料便能夠更有層次、更有條理地完整呈現。

二 作文的整體感──主題的呈現

熟記作文結構，明白強烈的對照能為文章帶來「立體感」之外，還必須留意一件很重要的事情：無論我們如何在文章中經營對照的力量，作文結構一定要環環相扣，每一段的最後一句一定要和下一段的第一句有所關聯，才不會產生突兀的斷裂感。唯有如此，我們寫出來的文章，才具有「整體感」，各段之間才能相互配合，成為緊密且連貫的作文有機體。

一篇富有整體感的作文，在段與段的內容呈現上，不僅能凸顯強烈的對照力量，同時也能段段緊密相扣，完整表達出一條明確的書寫主軸，進而精采展現文章的主題。

接下來，讓我們一起看看創作坊孩子如何在書寫時，**兼顧作文的「立體感」和「整體感」**吧！

1. 以余亞璇的〈我看見〉為例

慾望常蒙蔽我們的眼睛，使我們比盲人更為茫然。心靈的世界看不到一點光亮，每天的生活似乎都沒什麼改變。其實這樣子的生活也沒什麼不好，只是它卻會像毒品一樣慢慢地吞噬眼中的光采，使生活失去意義。

從古至今，不論當時社會是如何發展，總會有一群人聚在一塊，一起研究人生大道理；總會有人躲到深山裡頭，高舉「梅妻鶴子」的招牌。我總認為他們是社會、國家的負擔，沒有貢獻卻跟我們一起共享世界上的資源。他們唯一能做的就是發表一些無用處的思想，推廣一些對原有的平衡有害的運動。

但是隨著年齡的滋長，心靈日漸的茁壯，沉重的慾望念頭壓在身上。我永遠都在追求父母所希望的，永遠都任憑沒有感覺的心麻木下去。從不曾換個角度思考，停下來想想：這麼做到底為了什麼？心裡只想著：我要向前衝，不要成為我不認同的人。

直到很久以後，我才深刻體會古人隱居山林的苦衷。他們不是不想對社會有所貢獻，只是他們不能。就像我以前不是不想停下來，但我就是不能。直到這一刻我才在黑暗的心靈裡頭看到一個音樂盒，一個能讓我停下來的理由。

亞璇在「背景」揭示慾望的本質，慾望不僅遮蔽我們的眼

睛，使我們比盲人還要茫然，也讓我們從此看不見生命的光亮，失去生活的意義。

緊接著，亞璇在「細節」和「變化」兩段，進行時間取材的對照，她以「細節」說明自己為何向來瞧不起隱居山林的古人；時間軸再往後拉，亞璇以「變化」描述現在的自己，每日被沉重的慾望壓著，順從父母的期望並戮力追求，從來不曾停下腳步思考反問自己：這真的是我想要的一切嗎？好像只要這麼一問，自己就真的成了那些被瞧不起的古人。

亞璇上溯古人，下探自己，呈現彼此面對慾望的態度，古人明知不能而以另一種看似可笑的方式訴說慾望，自己則在慾望不斷地推動下喪失了發言權，二者形成極為強烈的對照力量。當這兩股力量互相對立、傾軋時，亞璇在「結論」中，提出早慧的獨特見識。她告訴我們，不論是古人還是自己，每一個人在慾望面前，都有不得不的苦衷，直到承認自己的「有所不能」之後，亞璇才終於「看見」一個讓自己停留下來的理由。這樣精采的結論，不僅回扣主題〈我看見〉，也為文章作了整體且完美的收束。

這篇文章的書寫主軸以慾望開始，也以慾望作結，中間的細節和變化，為文章翻疊出立體的對照力量，無論溯古或論今都不曾脫離慾望的範圍，明確的書寫主軸貫穿全文，使得段與

段之間相互緊扣，交織成一篇一氣呵成的好文章。

2. 以紀怡箴的〈我的超能力〉為例：

一直以來，我存在於一個玻璃箱裡面。做什麼都被人監視著；一絲反常的舉動，就會被視為「不正常」。時間久了，我被分類到「樂觀、瘋狂及脫軌」這個區塊。

很羨慕一些可以把自己藏起來的人，我希望自己有成為「蛹人」的超能力。在我想要逃避時，讓自己縮進一個別人看不見的蛹裡，自由地當一個完全的隱形人。從小時候到現在，我對狹小的空間一向有著安全感。認為在一個被包圍的空間中，不會被別人打擾，就是一種幸福。一生中，我最大的恐懼就是被放到一個很大的地方，就算身邊擠滿人，我也會感到焦慮與不安。

在蛹裡待久了，出來是否就要成為蝴蝶？我的答案是個很大的「不」。一隻蝴蝶，失去了再結成蛹的能力，這樣的變化，不是我想要的。一輩子，我就是一隻毛毛蟲，一隻帶著蛹，永遠不想變成蝴蝶的毛毛蟲。

如果哪一天，你看到我變得安靜，請不要以為我很難過。那時的我，正住在蛹中，享受著寧靜的幸福。也不要期待我會成為一隻蝴蝶，因為出了蛹後，我仍然是隻長不大的毛毛蟲。

怡箴在「背景」說明自己是個無法隱形的人,她一直都待在玻璃箱裡,被所有人監視著,而且還被歸類在「樂觀、瘋狂及脫軌」的這個區塊裡。

　　這樣一個被隨時監控的孩子,到了「細節」,開始傾訴自己的渴望,她希望擁有成為「蛹人」的超能力,把自己藏起來,變成自在的隱形人,不再被眾多的目光所注視。

　　怡箴運用特質的對照,背景寫「無可奈何的玻璃人事實」,細節寫「一心嚮往的蛹人世界」,巧妙為「背景」和「細節」經營了對立的力量。而透過背景和細節的鮮明對照,怡箴更進一步在「變化」中,提出很有個性的新鮮觀點:即使在蛹裡待久了,也不願意破蛹而出,不想成為漂亮的蝴蝶,寧願一輩子都是隻毛毛蟲,只要還能夠保有結成蛹的機會。這個「意外的變化」,的確澈底顛覆一般人的常識判斷,誰規定每一隻蛹都想蛻變為蝴蝶呢?怡箴在「變化」中,帶給讀者特別的驚喜,透過蝴蝶和毛毛蟲的對比,我們能深刻感受到她想積極成為蛹人的熱烈渴望。

　　「結論」則承接「變化」的驚人力道,怡箴想出一個活得更好的方法和態度,她要為自己的決定負責,她不需要別人的同情與期待,她只想做她自己,因為這是她的超能力世界。

　　這篇文章,從一個成為蛹人的渴望開始,也以堅決守護這

渴望的態度結束。無論是玻璃人和蛹人的對照，或是蝴蝶和毛毛蟲的對照，在在顯示出怡箴想做自己的堅強意志力，同時也進一步彰顯出〈我的超能力〉的強烈個人風格，是一篇兼具「立體感」和「整體感」的好文章。

　　一篇文章從醞釀背景氣氛，到詳實描繪豐富細節，繼而製造對立的震撼變化，最後，我們還是得回到生活本身，面對自己的人生課題，思考讓自己變得更好、活得更好的可能，為每一次的書寫旅程，畫下一個能使人生發光的句點，作為無悔無憾的結論。

卷四

決定成敗關鍵的
最後一哩路：
回扣題目

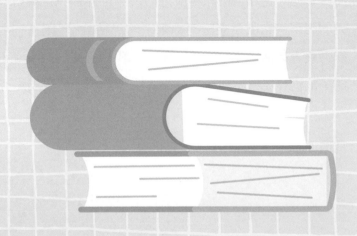

第15章

為什麼結論
很重要

一 讓我們活得更好

每一次書寫作文，就是我們和自己靠得最近的時刻！

書寫是一種珍貴的禮物，透過它，我們得以檢視生命中的每一個關鍵步伐，重新整理自己的生命經驗，無論當初下了什麼樣的判斷，提出哪一種作為與方法，我們都殷切期許人生能夠因此而更加美好燦亮。

視障歌手蕭煌奇這樣唱著：「如果我能看得見，生命也許完全不同，可能我想要的我喜歡的我愛的，都不一樣。」我們何其幸運，在和自己靠得最近的書寫世界裡，也擁有一雙看得見的眼睛，它就是凝望幸福未來的「結論」。因為它，我們有能力讓生命活出光燄，也因為它，我們能使自己所愛所想的一切，都格外與眾不同，這就是書寫「結論」的目的和效果。

一個能在文章穿透未來、給予幸福能量的「結論」，必然具備三個條件：

下判斷 ⟶ 說明原因 ⟶ 提出做得到的態度和方法

　　猶記小學五、六年級的自己，踏進了被同學集體孤立的生活狀態，下一步該怎麼走？當時並沒有任何人挺身說明與搭救，就連向來親近的朋友們也無能為力對抗強勢的集體霸凌壓力，只能噤聲。我明白再也不會有任何救星出現了，一切只能靠自己。我必須傾盡全力變得更優秀、更強壯，好像即使只能是一座孤島，我也要成為一座滿載山光水色的美麗孤島般，驕傲地活著。

　　反覆告訴自己一定要變得更壯大，我開始活躍於學校的各項比賽，表現得遠比之前還要優秀。不寄望也不倚靠別人的信念，使我在人際互動中逐漸養成築一道牆的習慣，明明關切，卻總是走在後頭凝視他人的背影，表達他人不一定能感知的在乎與關心，這是我和人群「維繫關係」的方式，雖含蓄謹慎，卻絕對安全。

　　我一點也沒有料想到，最後，竟讓自己成為遷居「背影星球」的特異移民者，與人群永遠隔一段長長的距離，即使本意並非如此。如果人生能夠重來，我還會有更好的判斷與選擇嗎？這些猜想，已然無從得知。唯一可以確定的是，當生命難

關向我們揭示種種考驗時，一定要堅持思考出讓自己活得更好、過得更快樂的方法與態度。

一如我們永遠無法預知這一次的作文考題會是什麼，只能在面對作文題目的同時，瀏覽自己的生命經驗，剪裁出其中一個切片，再細細整理、放大，彷彿只要跟隨著這些檢視的步履，尋找一條有光的道路前進，我們便可以讓自己成為一個更好、更完整的人。而那一雙引領我們張望光源的眼睛，就好像是一篇作文的「結論」，為每一次的書寫禮物，繫上預言幸福的金邊緞帶。

多年以後，回頭看看那個不認輸的孤島小孩，發現那是標誌自我獨立的啟蒙時刻，也是從那個瞬間開始，正式成為居住在背影星球的移民者。有一點點遺憾，卻也帶著更多慶幸，慶幸沒在孤島時期否定一切，慶幸因為孤島事件以及凝視背影的選擇，使得生命還能看見光亮。正因為人生不可能重來，我們在面對每一個關卡所下的判斷和選擇，與應運而生的態度及方法，將顯得格外重要。

人在面對關鍵瞬間時所做的選擇，往往決定我們日後會成為什麼樣的人，也是人生能否通往幸福的重要一哩路。這就像我們為一篇作文寫下的慎重結論，結論正是決定文章成敗關鍵的最後一哩路，它能否提出精采體悟？能否打動人心？能否說

服讀者？這些是我們必須在心中反覆確認的事，只要都做到了，那麼這篇文章必然高分，也必然能幫助每一位作文煉金術師在前往尋找深海大祕寶的冒險旅途上，累積更多驚人的闖關實力。

「結論」成為指引我們走向美好未來的深切提醒。針對書寫的生命經驗、感覺聯想、議題探討，我們下了精準的判斷，並進一步說明如此判斷的理由，最後，提出一種讓自己活得更好的態度與方法。我們將會發現，那一雙預示幸福的眼睛，正緩緩朝著有光源的地方，專注凝望著。

二 彰顯主題的力量

母親把年輕時穿過的長裙，還有幾件適合搭配裙子的衣服全都整理出來，為這個從來不穿裙子，卻因為教學關係得開始裙裝打扮的女兒細心置裝。母親一邊展示衣裙，一邊解說穿搭原則，我卻不怎麼專注聽取，神思早已遊走於往昔的回憶裡。

這些在眼前依然熠熠發亮的衣服，清楚勾起兒時仰望美麗母親的模樣，突然，眼睛就這麼定定地停格在一件粉紅色針織衫上，只因為那兒剛好有一處鮮明無比的小小油漬。母親後來說了些什麼話，再也沒聽進去，心裡只轟轟然想著：啊！原來，當年穿著美麗衣服的母親，明明青春燦燦，竟這樣甘願無

悔地把自己埋進廚房、埋進家事、埋進「成全一個家」的沉重責任裡……。

那一抹破壞華美衣服的突兀油漬，成為唯一的見證者，見證母親如何豪奢地讓歲月帶走寶貴的青春，也見證自己如何一點一滴貪婪地偷走了母親還可以美麗的短暫時光。

也許在時間面前，我們什麼都挽留不住，但至少我們還握有書寫的筆，整理它、剪裁它、使它成為豐厚生命的能量。一如母親漂亮舊衣上的油漬，它成為一種提醒，提醒自己守護母親洋溢幸福笑容的每一個時刻，那是她繼被竊取的青春歲月之後，能夠再度美麗的機會。

常常語重心長告訴創作坊孩子，**生命中所發生的每一件事情、每一個小細節，甚至一句話、一個眼神，全都充滿意義。**很可能當時的我們，只是看著它發生又看著它結束，察覺不出它對自己的任何影響，但從學會寫作文的那一刻起，我們便能重新檢視這些過往曾經，重新挖掘出以前不曾發現的蛛絲馬跡，並賦予它更深沉的意蘊。

可以這麼說，「生命經驗」將因為我們書寫而再度復活，也因為我們寫下的結論，呈顯出它曾經在我們身上銘刻過的沉厚力量。

一篇文章寫到最後，動人的關鍵在於是否寫出能夠彰顯主

題的精采結論，只有這樣的結論，才能真正記下過往的其中一個生命切片，說明它究竟如何牽動、影響著我們，並且讓我們萌生出可以活得更好的力量。一定要牢記：**結論，絕不只是一篇文章的最後一個段落而已，它同時也是一個句點，一個使我們的生命經驗澈底發光發亮的完美句點。**

創作坊孩子楊鎧綸的〈第一個朋友〉，娓娓道來自己的第一個朋友正是牆壁上的笑臉。小時候從幼兒園放學回家，總是興奮地和牆壁上的笑臉分享一整天發生的事，講到難過的地方時，笑臉的微笑似乎更加賣力地鼓勵自己；講到好笑的事情時，笑臉也開心拉開嘴角附和。牆壁上的笑臉成為忠心耿耿的第一個朋友，陪伴自己度過每一個獨自看家的時刻。後來，家裡重新油漆裝潢，牆壁上的笑臉消失了，整整傷心一個月的鎧綸，總能聽見這樣的諷刺語句：「和真實世界交朋友吧！別活在自己的生活中。」

即使如此，鎧綸檢視這段生命經驗時，卻從未否定牆壁上的笑臉之於自己的重要意義，文章的結論也更加彰顯出主題的力量：

每個人都有一個心靈的寄託，都是由心靈根據角度和比重的不同衡量得出的結果，並以此來斷定誰是最好的朋友。這些由人與人相處的時間和陪伴的情緒所產生的情感，不管是真實

的朋友還是想像的朋友，永遠是我最好的精神支柱，一如我兒時的第一個朋友──牆壁上的笑臉。

　　身為鎧綸的第一個朋友，牆壁上的笑臉的確已在鎧綸身上烙印下重要的意義，同時也進一步拓寬鎧綸的交友定義，我們相信，他的世界將因這樣的體認，變得更加豐富燦爛。

第16章

常見的
結論陷阱

一 陷阱一：沒有回扣主題或題目的結論

有沒有和人吵架的經驗？在歷經一場吵架後，最終停留在心板上的印記，會是什麼呢？

記得小學五年級的老師曾經在課堂上說過，大白菜是一種生長得很快，卻也老死得很快的植物，那時印象好深刻！當天回到家，和小弟起了爭執，自己力氣太小自然打不贏他，只能靠一張利嘴在這場戰鬥中曲折求勝。腦中忽然浮現大白菜這三個字，於是立刻對著手長、腳長、比一般同年齡孩子還要高出許多的小弟，大吼著：「你就像一顆大白菜一樣，長得高、長得快，卻也凋謝得快、老死得快！」原本還氣燄高張的小弟，整個人怔住，問著：「你說的都是真的嗎？」我毫不猶豫，得意地點點頭回答：「當然，我們老師上課都這樣說，你就像顆大白菜一樣！」

自己果然贏得這場戰爭，同時也留下了後遺症。才小學二年級的小弟，從那一刻開始，真的以為自己就是一顆大白菜，

也真的相信快速長高的自己，正一步步靠近死亡，隨時都可能和世界告別，他始終活在可能沒有明天的恐懼中，直到長大後才逐漸擺脫這可怕的夢魘。

　　成為作文老師的自己，和創作坊孩子談及這場殘忍的吵架經驗時，再也沒有任何驕傲的勝利者姿態，反而湧出更多的後悔與心疼。沒想到，曾經得意洋洋的那場爭執，在時間的巨輪緩緩碾壓過後，停留在心板上的印記，竟是一句永遠無法提早給出的道歉。常常想著：如果能夠及時說對不起，早點澄清，或許小弟的童年，就可以撥走那一塊黑壓壓的死亡烏雲，擠進更多快樂的陽光了。

　　人生總有許多來不及彌補的後悔，幸好我們還能透過書寫，叮嚀自己不再重蹈覆轍，期許自己可以做得更好、保護更多的人，讓遺憾的事情變得少一些，這就是我們寫文章的目的與意義。如果我們的文章，寫著寫著，只著重描寫事件本身，卻忘了在結論扣緊且凸顯主題的意義，為全文作完整且全面的收束，就等於沒有回扣題目，也沒能參透這個題目所要交予我們的人生課題思索了。

　　比如像〈吵架〉這個作文題目，有好多人會將所有的焦點全放在吵架的過程，傾盡全力刻劃著驚天動地的吵架現場，最後再草草以「我永遠也忘不了這個經驗」或者「這一切都是誰

誰誰的錯」……，這些極為表面的句子，結束全文。像這類書寫吵架的作文結論，都是沒有牢牢回扣主題進行深思的結論，自然也就難以深化文章的內容。

我們再重新檢視一次〈吵架〉這個題目，將會發現生命中所發生的吵架事件絕非偶然，一定或多或少留下了某些影響。一如我曾經脫口而出的「大白菜」，就這麼輕易地傷害了正在長高的低幼小孩，同時也為長大後的自己帶來深深的警惕：一句傷人的話，有時遠比打傷一個人還要來得嚴重且難以彌補！因此，只要仔細省思生命經驗帶給我們的震撼和影響，**在書寫結論的時候，記得再從頭簡單瀏覽全文內容和作文題目，並朝著「讓自己活得更好」的方向思考**，便能寫下緊扣題目、彰顯主題深意且具有深度的精采結論了。

結論要回扣主題和作文題目，才能避免一篇文情並茂的文章，意外掉進離題的陷阱裡。曾經有創作坊孩子書寫〈想家〉時，從離鄉背井的求學生活寫起，並一路對照從前在家的溫暖與關愛，進而燃起濃烈的想家愁緒。但，結論竟然寫著：「幸好，在孤獨的求學生涯，還能遇到幾位談得來的好友，一路相互扶持，陪我度過各種難關。」這樣的結論，顯然和想家主題沒有密切關聯，也和作文題目〈想家〉沒有直接關係，即使文章內容再好，卻早已犯下離題大忌，令人感到無比惋惜！

二 陷阱二：千篇一律的壞結論

結論，考驗著一個人是否擁有獨特的見識，當我們能夠隨時回溯、翻找生命經驗，並積極定義它對自己的意義和影響時，我們便能認真、從容地面對書寫，並為文章刻下一個完整且精采的結論。

一定要時時叮嚀自己：**文章越是寫到最後，越要慎重處理**。因為每一次的書寫，都是和自己靠得最近的時刻，藉著這珍貴的機會，我們可以盡情為自己的人生風景，多添幾筆豐富的顏色。

同時更要明白牢記，結論是決定一篇文章能否成功的最後一哩路，絕不能敷衍以對。為了創造更多的好結論，我們得先認識「千篇一律的壞結論」有哪些，這是許多人在寫作文時極容易犯的毛病，我們一定要確切提醒自己，絕不犯以下這些錯誤：

1. 公式化的老套結論

讀過寓言故事的人都知道，每一則故事的結尾，必然印著這樣的字眼「這個故事告訴我們」，於是我們便以為每一篇文章的結論，都非得套上這一句話才行，它像一條無聊而老套的公式被我們反覆使用，比如：

「經過這次的事件，我知道……」

「這件事情之後，我學會……」

「這個經驗，讓我好難忘……」

「我們每一個人，都應該……」

「總而言之，我們必須……」

像這類了無新意的公式化結論，只會使我們精心構思書寫的作文，瞬間變得平凡無趣，甚至還會讓人產生刻板的說教印象，當然大大破壞了整篇文章的動人力量。

2. 「你」成為結論的主角

許多人在書寫結論的時候，動不動就以「你」來行文，常常可以看見這樣的寫法：

「在空閒的時候，記得將你的生命塗成彩色，這樣死的時候，你才能了無憾恨。」

「你付出越多，你的收穫也會越多，只要這樣相信，你的人生將會因此而美麗。」

「你也有一段令人難忘的動人故事嗎？記得將它書寫下來，即使將來老了，它仍然會繼續溫暖你的心。」

像這類寫法，好像一再強調著只有「你」才會有所疏忽，只有「你」才必須遵守這些提醒以及待人處事的道理，而

「我」永遠不會犯錯，也不需要理會這些讓人生變得更好的態度和方法，然而，事實並非如此。

寫作文時一定要記得：行文時，絕對不以「你」作為主詞，也絕不把「你」變成結論的主角，必須將「你」改成「我」、「我們」、「大家」、「每一個人」……，讓文章沒有說教的感覺，和讀者自然拉近距離，才能更貼切地說服、感動更多人。

3. 重複敘述前幾段提過的內容

結論既然是為全文內容做一個總括而全面的收束，許多人便會將前面幾段寫過的內容、要點，在結論時又重提一次，再草草畫上句點。像這樣的寫法，等於重複抄寫前面的文句，不但無法帶給讀者全新的震撼與感動，也失去了結論賦予文章穿透未來、預言幸福的力量和意義。

我們一定要反覆告訴自己：**結論必須在綜觀全文內容後，寫下跳脫事件本身、但又必須和事件有關聯的進一步延伸與體會**，提出能夠彰顯主題的精采論點，及讓我們可以活得更好的態度和做法，這樣文章才有機會閃爍耀眼光澤的完美句點。

第17章

記得呼應
寫作題目

一 巧妙回扣題目

　　很小的時候，和母親陪弟弟去看病，輪到弟弟時，母親將還是小小孩的我留在外頭，抱著更小的弟弟進入診療室。根本坐不住的我，大膽走到一間病房的門口，舉起手將門敲得叩叩響，隨即打開門好奇問道：「有人在家嗎？」沒等到裡頭傳出回應，我又繼續往下一間病房前進，一樣敲門、開門，一樣好奇發問，一間病房接著一間病房，樂此不疲地探險。當母親帶著弟弟走出診療室時，才發現我不見了，焦急四處尋找，繞過一間又一間的病房，捕捉到這一幕令人又好氣又好笑的逗趣畫面。

　　多年後，向創作坊的老師們提起這件事，只見創作坊夢工廠的廠長眼睛發亮地直說著：「一個人長大後的個性，果然從小就看得出來哪！小時候就這麼天不怕地不怕到處叩叩叩，長大後也是這樣勇於冒險，好像什麼都難不倒自己！」

　　原來，每一件發生過的事情，不僅豐富我們的人生可能，

同時也像極了一則又一則的預言，在多年後的某個時刻，由自己或親近的家人、朋友驗證它的暗示。那等待了好多年，渴望被認領的預言，彷彿是一顆星星，即使只剩下殘存的光亮，也要放射最晶亮的星光，穿透層層雲霧大氣，遙遙呼應剛好也抬頭瞭望的我們。

作文題目也猶如那一顆等待我們仰頭凝望的星星。一篇文章寫到最後，結論如果能配合全文書寫主軸，寫下凸顯主題的精采見識，並且在最適當的時刻，遙遙呼應作文題目，那麼讀者也將會在我們精心營造的結論裡，穿越層層字句雲朵，和那燦亮的星光相遇。

當我們學會恰如其分地在一篇文章的結論中，巧妙回扣作文題目時，不僅能加深讀者對於文章主題的瞭解，也能為文章帶來強烈的一氣呵成力量。

讓我們一起看看創作坊孩子凌郁翔的〈最深刻的愛〉：

前些日子我的外公外婆領到了一面桃園市政府發的金婚紀念獎牌。一時之間他們居住的那條小巷裡的鄰居，像是發現了什麼天文奇觀般熱烈地討論這件事。大家都替這對鶼鰈情深的老夫老妻感到高興。

然而，事實其實有些出入。從我對他們的瞭解，他們其實沒有什麼共通點，更糟糕的是他們還一天到晚都在吵架，根本

不是那對模範夫妻的形象。外公是一個沉默、嚴肅又怕吵鬧的人，但外婆剛好相反，外婆最喜歡熱鬧。想想這兩個個性迥異的人要生活在一起，肯定是一場考驗。後來外婆的健康狀況不太好，病人的心情不好，就一直對外公碎碎念，受日本大男人主義教育的外公自然也沒有什麼英國紳士風度去包容。所以他們真的幾乎每天都在吵架。

但有一件事可以確定，他們真的是相愛的。因為每次和外公出去玩，外婆沒興趣所以沒跟去，不管外公玩得多開心，外公一定堅持要在下午四點前趕回家煮晚飯給外婆吃，因為他認為外婆買外面的食物吃不健康。外婆也是，她雖然常對外公碎碎念，但她其實心裡不是這樣想，只是嘴硬而已。所以他們吵架快和好也快，有人說全世界只有小孩可以一下吵鬧一下玩在一起，我想告訴他，老人也是。

後來那面獎牌被他們隨便塞進了櫃子裡，根本不在意，就像他們的愛情一樣，表面上吵吵鬧鬧，真正的心意卻藏在心底。我想，這就是最深刻的愛。

郁翔從外公外婆獲得一面金婚紀念獎牌寫起，然而，一面由市政府所頒發的獎牌，真能代表這段始終不渝的堅定愛情嗎？郁翔分別在「細節」和「變化」，書寫自己平日觀察的點點滴滴，為外公外婆之間的微妙互動關係，製造了一反一正的

強烈對照力量，讓我們留下極為深刻的印象。

最後，郁翔為這段看似吵吵鬧鬧，實則真心愛著彼此的情感，下了一個最素樸卻也最動人的結論，光澤熠熠的獎牌雖然被隨意塞進看不見光的櫃子裡，始終不變的愛情卻一直真實地在每一天的生活中發亮著。文章的最後一句巧妙回扣題目「最深刻的愛」，我們的心彷彿也被溫暖震撼著，跟著郁翔一起見證這世界上最深刻的一段愛情。

二 不要為了呼應而呼應

許多人在記住「結論一定要記得回扣題旨，**最好還能夠呼應題目**」的原則後，卻往往忘了留意自己的書寫重點為何，導致時常寫出一個「為了呼應而呼應」的奇怪結論。這樣的結論看起來雖然「很安全」，表面上看似能緊緊扣住題目，卻無法彰顯出全文的主題，反而還讓文章主軸產生失衡現象，不但焦點完全偏斜，還造成離題的悲劇，就連文章的主題力量也一一崩裂瓦解。

比如，我們曾在卷一提到的〈認識新世界〉，像這樣的作文題目，創作坊孩子有各種不同角度的選材，其中一篇材料尤其發人省思，透露出書寫者早慧的深遠見識。他從現今我們所處的科技世界角度切入，指出隨著科技的發達，物質生活也越

來越富裕，因而造就了一個文明與虛榮的新世界，每個人都汲汲營營思考如何能夠賺取更多的錢來滿足自我，於是「金錢像海水，越喝越渴」，文章寫到這裡，鮮明的取材內容，已讓人驚嘆！

然而，為了能讓結論呼應題目，他這樣寫著：「我們必須想盡辦法創造最初的安詳和平世界，並重新認識這個新世界。」

發現問題了嗎？文章一開始便提出我們都處於「文明和虛榮」的新世界，而在結論卻又告訴我們得創造「最初的安詳和平」世界，並重新認識它。這時，我們不禁感到困惑，到底「新世界」指的是哪一個呢？他將虛榮和素樸兩個議題進行對照，卻又把兩者都當成新世界來討論，不僅產生矛盾，新世界也因此失焦，文章的主題力量自然分散掉了，可惜了這麼好的選材。

又比如，曾讓創作坊孩子寫〈我的天才夢〉，希望每個人都能夠找出自己和別人不一樣的地方，走出一條屬於自己的傑出道路。其中一個孩子的取材尤其令人驚豔！他首先刻畫正在跑步的畫面，前方有著象徵成功的終點站，他不斷努力地奔跑，即使在過程中，遇到比自己還要笨的人也依然傻傻跑著、堅持著，無論如何他一定要比那個人還要癡傻、還要堅持，相

信只有這樣的態度，才能夠更靠近夢想。

即便在奔跑中失敗了、跌跤了，他也不因此而害怕、受挫，因為他知道每一次的失敗都是邁向成功的一本祕笈。文章寫到這裡，我們明白他的天才夢談的是一種堅持到底、永不放棄的堅決態度，這是他和別人最不一樣的特色。

隨著文字的流動，我們被他那執著且堅強的意志力深深震撼著。但是，結論卻像個突然闖入的陌生人，硬生生破壞前文的動人氣氛：「只要我一直努力往前跑，便能推開終點線，踏進我的天才夢。」

看出問題在哪裡了嗎？沒錯！為了呼應題目，反而為文章製造出強烈的矛盾，這裡所指的天才夢，和前面內容所談的天才夢，顯然不同，那麼這裡的天才夢又是指什麼呢？沒有答案，因為文章已經結束了，真的好令人惋惜呢！

像這些結論，就是掉進了「為呼應而呼應」的迷思。我們在下結論的時候，一定要小心謹慎，務必仔細綜觀我們的書寫主軸，確認自己的文章重點為何之後，再謹慎下筆。千萬不要為了讓文章看起來「安全」些，就隨便在結論添上呼應題目的字句，有時候反而會弄巧成拙，造成可怕的反效果！

第18章

結論營造
暗示的餘味

　　就讀研究所時，印象最深刻的一幕是，我在某個情緒瀕臨潰決的時刻，騎著摩托車失速奔馳下山，因為瞥見那一整片汪汪藍海，瞬間煞車，徒步來到堤岸邊，對著藍得不可思議的西子灣，怔怔凝視，內心好像也染上濕濕冷冷的藍，不那麼躁動了。

　　撥打電話給遠在花蓮的好友，好友關切問道：「怎麼啦？」熟悉的聲音穿進耳朵，眼淚已不爭氣地流淌，根本無法回答。這時，眼前突然出現一艘緩緩移動的大船，正要氣勢磅礴地出海，於是帶著哭過的聲音告訴朋友：「大船要出海了……」

　　彼此陷入一陣長長的靜默裡，直到目送大船隱沒於海平面上，我才又開口：「大船消失不見了。」朋友則在另一端心疼詢問：「你受傷的心，什麼時候也能跟著大船出海而不見？」

　　即將航出西子灣口的大船，以及隱褪在遠方海洋的大船，從那一刻起成為一種濃烈的象徵。每當難過的時候，腦海中總會浮現大船出海的畫面，好像所有的憂愁全都跟著一起上船，

最後一定會消失在始終兀自美麗的西子灣上，只要這麼想著，傷口彷彿也一點一滴癒合了。而好友捨不得自己受苦的提問，即使事隔多年，仍一直擱淺在心中，成為一束暗示自己掙脫黯黑海域的燈塔光芒。

　　大船出海的象徵以及朋友擔憂的提問，全都拼湊成記憶中最美麗海洋的模樣，即使後來曾經造訪無數湛藍海域，心思卻還是不停地朝著西子灣泅泳而去……。

　　一篇好的結論，宛如一幅充滿暗示意味的西子灣海景，無論最後是以「象徵」的方式下筆，或者以「提問」的方式切入，都能在文章的結尾處，帶來餘波盪漾的悠悠震撼感，而這一股讓人低迴不已的暗示力量，也將在讀者的腦海中鑿下最深刻的感動畫面。

　　接下來，以創作坊孩子作品為例，一起看看這些具有暗示餘味的精采結論，如何增添一篇文章的動人魅力。

● 一　以「象徵」暗示的結論

　　以陳品心〈生活多有趣〉為例：

　　紅紅的榜單上，印著段考的排名，然而，這些全是過去，也並不能代表一切。每一次得名，或許早已習以為常，卻不願讓出半次機會，讓其他人有些「偶爾」。

看似瘋狂，但其實想想為何不讓，這或許也是一種另類的「休息，是為了走更長遠的路！」就讓一次又何妨？每天的緊繃，真令人懷疑，以後要怎麼活下去？第一名又如何？簡潔有力的數字印在成績單上嗎？那又怎樣？緊繃的人永遠不會學著愉快的活出自己，把成績當成生命的目標，倒不如創新自己，給別人留下一個深刻的印象。

適度的在乎才是最好的，而我，對分數，也頂多當作過客，走了就好！我倒比較在乎，如何讓明天更開心。每當下課，我總愛找同學玩個小遊戲，收穫不定，有時遇到好人，願意坐下來陪我玩；有時被潑了冷水，被罵幼稚；有些人則叫我去念書，否則成績會退步。退步，這我倒挺高興的，一次重跌，就爬得越高，再來，又恢復正常。這個過客往往只短暫走過，瑣碎的休閒時間所創造的生活樂趣，卻可以影響我很久。我也不曉得為什麼，就覺得這些回憶拼湊起來就如同用貝殼做的風鈴，一片片串起來，風來，可以響好久。

學會退，便可瞭解怎麼進，但，這些在我眼裡都不重要。重要的是創造讓生活變得有趣的可能，我們學會當工匠，將一片一片的材料，串成較恆久的人生，讓生命隨風作響。

品心以公布名次的紅紅榜單，作為特寫鏡頭，切入每一個國中生共有的處境。我們都知道，成績幾乎決定了所有國中生

的快樂與哀愁，品心偏偏要游離出如此不自由的框架，她要創新自己，為每一天帶來愉快的笑聲，就算成績起起伏伏也無所謂，因為真正影響自己最久的，其實是這些由自己努力爭取的瑣碎休息時間，所拼貼而成的自在快樂。

這些點點滴滴累積的快樂，最後都會成為美好的回憶，它們如一片又一片的貝殼，拼湊成一串風鈴，風來，便能敲擊出悅耳的聲響，久久徘徊不去。這個放在「變化」的精緻意象，象徵品心要讓生活過得更有趣的原因所在。她多希望長大後回顧國中生活，將不只剩下考試和成績，品心相信一定還有些什麼，會被留下來。

文章的最後，品心再度使用風鈴意象，而這一次，風鈴意象的意義延伸得更為深沉，象徵了整個人生，也為文章留下餘韻悠長、猶如詩篇般美麗的結論。這個結論充滿暗示的意味，讓每個把生命糾結在讀書考試的人，有機會停下腳步，側耳傾聽風鈴聲響，並重新思索自己的下一步。

二 以「提問」暗示的結論

以邱于軒〈心被刺了一下〉為例：

轉眼間，我已經結婚生子了。難得的，我回了老家一趟，順道看看許久未見的母親，時間過得很快，十年一下子就過去

了。回到家，我看見了母親，一瞬間，我愕然了！良久，我這才回過神來，看著被歲月洗滌的母親。

　　滿頭的白髮，一個人待在老舊的房子裡，輕輕地撫摸著已經滿手長繭的雙手，一看見我回來，立刻展開笑顏，那一刻我感到滿腹的心酸。母親上前迎接我，像以前一樣將我拉了進去，一起吃過了晚飯，聊了不少我以前小時候的事情，我就跟母親道別了。看著母親眼裡一閃而逝的失落，心中真的痛了一下，好想回頭抱住母親，但，我沒有。

　　回到自己的家，我看著自己的孩子快快樂樂跑過來抱住我，我沒來由問著我的孩子：「你長大以後還會陪著我嗎？」我的孩子天真的回答著：「當然囉！」看著孩子這樣子對我說，心彷彿被刺了一下，憶起了小時候我也是這樣子回答母親，可我卻食言了，我的孩子是不是也會跟我一樣食言呢？

　　承諾總是很容易說出口，但真的要實現諾言是不是很難？其實不會，但我們總是沒有做到。直到有一天，後悔卻也來不及了，心就算再痛，也已經來不及了，傷口已經無法癒合。是不是每一個人都會有這種心被狠狠刺一下的時候？

　　為了營造心被刺痛一下的動人氣氛，于軒選擇搭乘時光機前往未來，前往兩個截然不同的未來場景。第一站是離開了許久的老家，那裡只剩下孤單的老母親住著，即便兩人無話不

說，彷彿一切如昨，但告別的時間總會到來，母親閃過的失落眼神，刺痛著于軒的心；第二站是于軒經營的家，年幼的孩子甜甜抱住她，並天真許下長大後會一直陪伴的諾言，于軒遂想起小時候的自己，也曾經這樣告訴母親，但事實證明後來的自己，食言了！而那顆剛剛還傷著的心又再度被刺痛……。

于軒交錯「為人子的自己」和「為人母的自己」的畫面，穿梭於文章的段落，製造出強烈的對照力量，小時候的自己終究食言了，長大後的孩子是不是也這樣呢？此時此刻，于軒終於明白母親那一抹失落眼神的痛，心也跟著揪疼不止。

文章最後以一句極為簡單的提問做結，這樣的問句其實飽含著心被刺痛的暗示力量，雖是問句，但，我們都不忍回答，因為我們也曾經以同樣的方式，刺傷了自己的父母。掩卷之餘，我們不免掉進各自的回憶裡，重新檢視自己許下的每一個承諾，這就是提問的暗示餘味。它讓我們不只是讀完一篇文章而已，我們還同時回到自己的世界，檢視生活，尋找活得更好的可能。

因為書寫，我們靠自己更近；也因為書寫，我們能夠靜下心來思索縫補生命裂縫的機會。

這時，會考和學測作文將不再只是一場寫作測驗而已，它還是一場審視生命經驗的珍貴旅程，我們會在其中看見生命的

缺憾，以及積極填補缺憾的動人意志。

　　這就是作文書寫交給我們的，一輩子的禮物。

煉金術師的應考攻略手冊：歷年會考作文題目解析

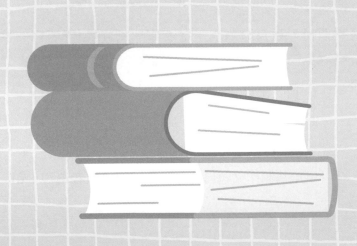

第19章

歷年寫作測驗
趨勢分析

　　作文煉金術師尋找大祕寶的海洋冒險旅程，由來已久！自95年國中基測試辦至102年止，103年起則由國中教育會考登場至今。為了使學生捕捉考試趨勢及熟悉評分標準，國中教育會考網站上還會定期公布「寫作測驗預示試題」，讓考生們試水溫，觀摩且測試自己的寫作實力。這些試題資料庫，對於準備挑戰海洋冒險旅程的煉金術師而言，無疑是登上尋找大祕寶的航海模擬器，協助大家做最後也最紮實的行前自我特訓！

　　當然，我們不能漫無目的埋頭「刷題」，應該先張大眼睛觀察這些考題所透露的寫作測驗趨勢。在寫作主題上，會考作文題目大致可分為以下這三類，剛好與108課綱的核心精神「自發、互動、共好」不謀而合：

　　1. 自我檢視→自發的精神

　　2. 我與他人的連結→互動的精神

　　3. 我張望並參與這個世界→共好的精神

　　早年基測作文題目的主題多屬於「自我檢視」和「我與他

人的連結」這二類，分別強調我的內在自發性，以及我和人際的互動，寫作範圍始終圍繞在我們的日常生活。只要多多留意身邊正在發生的事情，用心感受、認真生活，就會發現寫作文其實就是書寫自己、書寫生活，如此簡單。

值得注意的是，101年基測作文題目〈影響生活中的一項發明〉，屬於「我張望並參與這個世界」類主題，著重彰顯與世界「共好」的可能，不只如此，〈影響生活中的一項發明〉題目還透露出未來會考作文試題的趨勢。首先，它仍然緊扣生活，但我們不能只將視角放在自己身上，必須向外伸出關注的觸角，主動張望更大的社會、時代、世界；其次，這是歷年基測題目中最具濃烈說理色彩的考題，無論寫哪一種發明，都必須提出它所帶來的優點及缺點，並進一步思索身為使用者的我該如何因應，好成為掌控它的主人，這強烈意味著即使是學生也要用自己的方式參與這個世界。換言之，這一年的題目正是寫作測驗趨勢開始轉型的預告片，它向大家預告著：**考題正逐漸轉向「偏重說理」**。

這些年的會考題目，除了延續基測作文所重視的「自我檢視」及「我與他人的連結」類主題外，也格外強調「我張望並參與這世界」類主題。像是103年會考〈面對未來，我應該具備的能力〉，談的是我們要如何看向未來的世界，尤其現代科

技持續進步，簡直是以火箭的速度改變我們的生活面貌，瞧！2014年專門下圍棋的AI機器人AlphaGo才剛面世，2016年便打敗了世界冠軍棋士李世乭，2022年末地表最強聊天機器人ChatGPT橫空出世，他還只是個小寶寶便一鳴驚人呢！有趣的是，103年的會考題目和101年基測〈影響生活中的一種發明〉中強調回眸檢視過去的世界，二者形成巧妙的呼應與鮮明的對照。

此外，身為未來主人翁的考生們，不只要求新求變累積面對未來的能力，同時也要回頭凝視我們共有的臺灣在地特色、傳統文化，106年會考〈在這樣的傳統習俗裡，我看見……〉，就是要大家將被輕忽的傳統習俗重新放大並珍惜，有弊病的則需要適時調整或捨棄。亦即**我們不只要細膩觀察、凝視生活，還要從中抽絲剝繭展開覺察和省思的能力，進而提出自己的獨特觀點，成為一個有思辨能力的人。**

當我們檢視過去、預想未來的同時，也別忘了關切我們立足的此時此刻正在發生的事，108年會考作文拋出「青銀共居」議題，要國中生想像和思索，參與誰都不可能置身事外的高齡化社會運作；107年會考〈我們這個世代〉，要每一個應考的國三生站在屬於自己的世代舞台上發聲，道出所屬世代的特質，談它的優勢，也檢視它必然衍生的問題和缺陷。

發現了嗎？會考作文不只要所有學生懂得多方觀察，增廣自我見聞，還要擁有多元思辨的能力，且關注臺灣當下正在發生的事、正在形成的現象，並透過書寫一篇作文表達自我思想、申述獨特觀點。

　　換言之，我們的書寫任務，將不再只是檢視過往的生活經驗，照見自己成長的地方；我們的書寫任務必須看得更廣、走得更遠，得進一步思索與想像我們該如何面對，以及適應多變的現在和未來。

　　這一點，我們可以從會考網站上定期公告的「寫作測驗預示試題」中得到更多的證明，像〈我看天才時間〉、〈對榮譽考試制度的看法〉、〈我較為認同○國的讓座文化〉、〈我看網路世界中的人際互動〉、〈我看「從眾實驗」〉皆是「我張望並參與這個世界」類主題的作文題目。就算還沒細讀引導說明，光看題目也能得知這些皆是需要學生表達論述能力的作文，**題目只要有「我看」、「我談」、「我較認同」、「我贊成」、「我反對」等字眼出現時，就是「偏重說理」類的考題，需要展現論說的能力喔！**

　　想必大家都耳熟能詳「記敘文」、「抒情文」、「論說文」吧，它們將作文呈現方式區別成三種壁壘分明的文體，記敘文就是把「事件」寫清楚，抒情文強調「感覺」的刻畫，論說文

則要求提出自己的「見解」。然而，一篇真正精采好看的文章，不可能只是單純把一件事記錄下來，卻什麼感覺與想法都不說；也不可能只是流於情感宣洩，卻缺少一件事的觸發，或少了扭轉處境的態度及解決問題的方法；而文章如果只是不斷論述，卻缺乏明確生命經驗舉證和個人的心理感受呈現，讀起來該有多枯燥無聊！**其實，這種依文體規定的作文教學方法是過時的，必須重新修正調整。**

我們仔細觀察歷年寫作測驗的出題趨勢後也會發現，**一篇真正精采的文章必然兼具敘事、抒情、論說的特質，亦即要包含「事件（敘事）、感覺（抒情）、見解（論說）」寫作三要素。**再從「事件、感覺、見解」三要素來看，敘事尤其是作文的基本功夫，無論寫哪一個作文題目，都必須放進生命經驗作為文章基底，以此開展寫作內容。從這個認知出發，**作文取材則有「偏重抒情」和「偏重說理」兩種路線：**

1. **感覺聯想：**抒情色彩較為濃烈，從感覺和聯想取材，文章流動著抒情的節奏。

2. **議題探討：**說理比重多一些，以一個議題作為取材角度，呈顯出鮮明的說理力量。

這二種取材路線，都從我們的生活經驗出發，只是在抒情、說理的比例上有所不同而已。要注意的是，即使它們各有

偏重，仍然得互相包含，文章才不會產生失衡的毛病。

以創作坊孩子書寫〈影子〉為例，小六的吳珮菱走「感覺聯想」的抒情節奏路線，把影子聯想為與好朋友和好的祕密武器。她感性認為與好朋友吵架時，只要擺擺手，手的影子便能輕易觸及身旁隔得老遠的朋友的影子，即使兩人一路沉默無話可說，那手和手相連的影子，也已慢慢壯大她想與朋友和好的渴望及信心，這是多麼可愛浪漫的影子聯想啊！我們彷彿可以預見珮菱如何透過影子給予的溫暖暗示，為因爭執而冰冷的友誼關係，理性地找到和好的關鍵態度與方法。

同樣書寫〈影子〉，國二的曾浩銓則以旁觀者的角色揭露發生在妹妹身上的生命經驗。小學三年級的妹妹遲遲未能把除法學好而引來家人的責罵，加上周遭同儕都已經學會除法，彷彿所有人都是耀眼的光，妹妹只能是一抹黝黑至極的暗影，她的不足之處更容易被放大、被針對。妹妹的委屈，浩銓都看在眼裡，他決定開導妹妹新的人生態度，他先是理性帶出科學實驗，再進一步推導出令人動容的感性體悟：

如果有事物透過凸透鏡和光成像在某一點上，而紙屏如果沒有在那一點上，那成像的影子將會變得模糊不清，要是連紙屏都不存在，那我們連影子都看不到。回到現實狀況，就說明這裡還有空間平面——也就是容身之處，能讓人呈現影子。只

要還有影子，便代表我們是被關注的、有容身之處的人，一定都是被深愛著的人。

當浩銓這樣訴說「只要還有影子，便代表我們是被關注的、有容身之處的人」時，我們彷彿能感受到這是他在生命暗影處待過一遭的深刻領略。究竟小學三年級的妹妹是否能懂得國二哥哥言談中的語重心長之感呢？浩銓在結論如此寫道：

我將這件事告訴妹妹，雖然她可能不懂其中的原理，不過最後的道理我想她是能理解的。因為在不久之後，妹妹終於學會了除法，也漸漸的從自己是被針對放大的影子偏見裡走出，這才發現雖然大家都像光一樣閃耀著，不過也會有些許的影子搖曳，那是我們被愛著的證明。

浩銓書寫的〈影子〉採「議題探討」的說理路線，在光和影的關係探討中，延伸出極為獨特的觀點，不只曾經療癒了自己，也協助妹妹走過學習瓶頸，讀來令人深深感動。

仔細閱讀會發現，無論是珮菱的〈影子〉或是浩銓的〈影子〉，都有一個生命經驗作為文章基底，並由此開展出「偏重抒情」或「偏重說理」路線的寫作內容，而無論他們選擇走哪一條路線，最終都會呈現既感性又理性的文章內容，深深撼動人心。

也難怪自107學年度起，學測的國語文寫作能力測驗改成

考兩大題，分別是「情意抒發」題和「知性統整」題，目的在訓練學生們能既感性又理性地書寫文章。本書有鑑於此，亦將本卷的歷年國中寫作測驗題目分成「偏重抒情」類與「偏重說理」類，進行考題攻略分析。

當我們打破限制文章發展的呆板文體規定後，接著要建立的寫作觀念是：

1. **無論寫什麼樣的題目都一定要有「個性」事件的呈現**，記敘文正是寫作的根本基礎。

2. 根據題目需求調配文章內容的「抒情」與「說理」濃度比例，有時抒情濃烈，有時論說濃烈，而**無論哪一種作文題目，皆必然呈現有抒情也有說理的樣貌。**

為了讓大家面對每一個作文題目，能更勇敢突破傳統僵化的文體界線，將「敘事、抒情、論說」特質巧妙融入文章中，本書將歷年寫作測驗考題分類為「偏重抒情」類及「偏重說理」類，帶領讀者精準掌握「事件、感覺、見解」寫作三要素，成功寫出他人無法複製且深具個人特色的好作品。

這些年的寫作考題還有一個非常明顯且值得注意的**趨勢**，無論是早年的基測、現在的會考或是其預示試題，三者「偏重說理」類的出題比例皆高於「偏重抒情」類，占了整整2/3，這比例再次證明寫作測驗的**趨勢**已逐漸轉向「偏重說理」，同

時也再次向我們揭示一個相當重要的訊息：每一個作文題目都是一次提早「面對人生功課」的機會，究竟該如何面對人生功課？則更需要理性的思索且擁有精準的判斷力。

　　已掌握寫作測驗趨勢的作文煉金術師們，準備好了嗎？接下來，我們要使用航海模擬器、運用我們配備的導航App，無痛預演尋找深海大祕寶的冒險之旅囉！

第20章

歷年會考
作文題目解析

一 偏重抒情的考題攻略

當「偏重抒情」類的作文考題躍然紙上時，代表我們下筆的筆觸必須纖細、柔軟，將那一段深刻的經驗描繪出來，並竭盡所能抒發因這段經驗而激盪的感情和感觸，再透過外在環境氛圍、肢體動作及情緒起伏的特寫鏡頭捕捉，把內心小劇場正在上演的心理細節鉅細彌遺地表達。最後，切記，每一件事的發生都有它存在的意義，因此，**即便是「偏重抒情」的考題，我們在極力「感性」渲染情感之後，仍然要記得「理性」提出自己的體悟，找到人生得以活得更好的可能**，文章才不會給人徒然「無病呻吟」或「傷春悲秋」之感。

面對「偏重抒情」類考題的四個書寫關鍵如下：

1. 最動人的取材一定是自己的生命經驗

唯有在文章中放進自己的生命經驗，才能寫出最真實也最深刻的感受。萬一沒有相關的生命體驗，而必須書寫自己聽到

或看見的他人生命經驗，抑或是不得不援用他人的故事加以編織作為自己的故事時，一定要發揮同理心，進行換位思考，設想自己正是那個角色投入其中，放進真誠的感覺或想法，這樣寫成的文章，才不會給人隔靴搔癢或過於虛假矯情的感受。

2. 聚焦特寫最關鍵的一幕情節

不必將事件從頭到尾寫完，而是從中裁切出最具關鍵性、同時也是最能撼動人心的一幕情節，亦即生命經驗的「切片」，並將它細細放大、特寫，再把自己置身其中的心情和感受深刻描繪出來。

3. 善用意象

越是「抽象」的感情流動，越要以「具體」的畫面呈現。像是表達「恐懼」的抽象情緒，為了讓人感受自己實際的恐懼程度，我們可用具體的蛇來呈現：

每當作業缺交又深怕被老師立刻發現時，彷彿有一條冰冷的蛇緊緊纏繞在脖子上，隱約中感覺得到那腥臭的長長蛇信正直逼臉頰旁，也許下一秒鐘整張臉就要被蛇給吞噬……

4. 無論生命經驗的結果是悲是喜，都要延伸出個人的深刻感悟

面對悲劇結局，我們除了感傷，還要找到避免遺憾再次發生，或是走出悲傷的態度與方法；面對喜劇收場，我們也要從中釐清迎來喜劇人生的關鍵信念和做法為何。懂得為情緒濃烈的感性文章，綴上理性的深刻感悟，便是一篇精采傑作。

　　接下來，我們將從歷屆寫作測驗的考題中，挑選四個具有代表性的重要題目做攻略分析，並將其分類為「很抒情」及「不只是抒情」兩類，兩者的差別僅在於抒情濃度的高低而已。要特別留意的是，即使是「很抒情」類的題目，也要放進一點理性的深刻領略喔！

（一）很抒情：抒情濃度80％＋理性濃度20％

 97年第2次基測：〈那一刻，真美〉

| 引導說明 |

　　生活中有許多動人而美好的時刻：也許是走出戶外，發現山的壯麗與海的遼闊；或者是閱讀的時候，某段文字觸動了內心；也可能是在大雨中，看見父母為子女遞送雨傘的身影……那些動人的時刻，總是給我們美好的感覺。請寫下你生活中美的那一刻，說明它的特別之處，以及你的感受或想法。

寫作攻略

1. 注意關鍵字「那一刻」，既是一刻，代表時間很短，千萬別寫成一天唷！

2. 從引導説明可知，美的取材對象可以是人（指內在情感或精神的美，而非外在相貌的美），也可以是物，還可以是大自然（包含動物），從中擇一作為取材對象。

3. 美的感覺是很抽象的，這時一定要善用「意象」的寫法，竭盡所能以具體的畫面或物件呈現內心被美撞擊的抽象感受。

4. 記得經營別出心裁的「變化」。前兩段聚焦描繪那一刻的美，第三段則必須延伸那一刻的美對日常生活的影響，畢竟那一刻的美終究會結束，它不是恆常持續的狀態。我們很可能會持續想念那一刻的美，但在現實生活中已不可得，因而感到輾轉反側，甚至不惜改變自己的日常習慣，只為了多靠近那一點點的美；也很可能一回到忙碌的日常生活中便隨即忘了那一刻的美，直到某個關鍵瞬間，突然又想起那一刻的美，這時我們看待它的感受已經不只是美了，還多了一些不一樣的體會。

5. 最後，延續上述不同的「變化」情境設計，加以深入思考，我們才能進一步寫出提醒自己如何時時「與美同行」的深刻結論。當前三段內容已發揮滿滿的80%感性渲染後，別忘了在結論展現20%的理性體悟。

（二）不只是抒情：感性濃度60%＋理性濃度40%

110年會考：未成功的物品展覽會（不必訂題）

| 引導說明 |

請先閱讀以下資訊，並按題意要求完成一篇文章：

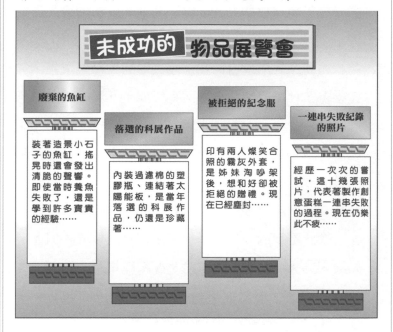

　　如果邀你省視自己的過往，參加「未成功的物品展覽會」，你準備放入一項什麼樣的展品？在外觀上，它有何特別之處？在情感上，它對你的意義又是什麼？請寫出你的經驗、感受或想法。

寫作攻略

1. 注意關鍵字是「物品」，且這物品必須鉤連著一段失敗的生命經驗。

2. 從圖片資料可得知，它雖然是代表失敗的物品，但它的存在仍有積極意義，才得以在「未成功的物品展覽會」上登台展出。因此，我們必須找出它的正面意義，亦即深入思索自己在這段失敗的生命經驗裡，究竟獲得了什麼？又在哪方面有所成長？務必提出相應的態度和做法，才能順利調配出40%的理性濃度。

3. 在定調該物品的正面意義之前，我們得先回頭凝視那一段失敗的生命經驗。沒有人天生想求取失敗，為了避免失敗，我們必然全力以赴投入，記得把廢寢忘食、樂此不疲的心情和模樣仔細刻畫，以強烈對照突如其來的失敗打擊。這時尤其要細膩揭露失敗當下的疼痛、錯愕、不甘、不堪……這些複雜的情緒和感受，才能夠深邃調配出60%的感性濃度。

4. 開頭和結論要能經營與「未成功的物品展覽會」相關的意象，彷彿自己正慎重拿著藏有失敗經驗的物品去參加展覽似的，使文章首尾遙相呼應，緊扣題旨。

109年會考：〈我想開設一家這樣的店〉

| 引導說明 |

請先閱讀以下資訊，並按題意要求完成一篇文章：

我想開一家餐廳，讓記性不好的阿公阿嬤來這裡上班，他們可能會經常上錯菜，但客人們的一句「沒關係」，將讓這間店充滿溫暖。

我的夢想是開一家書店，木質的書櫃、三張亮黃色的沙發，每個星期只賣同一本書，希望客人可以慢慢讀出這本書的趣味。

我想接手爸爸的行動雜貨店，開著一輛小貨車，在各個村落來來去去，滿足居民日常生活所需，繼續為我們的家鄉服務。

如果能開一家網路花店就太好了！隨時隨地有玫瑰、百合、鬱金香……可供點選，將最新鮮的花朵，在指定時間內送給心愛的人！

　　開一家店，可能是為了實踐某個夢想，也可能是為了滿足生活中的各種期盼。你想開設一家怎樣的店？為什麼要開這家店？它又會是什麼樣貌？請以「我想開設一家這樣的店」為題，具體寫下你的想法。

寫作攻略

1. 這題目和歷年考題最不一樣的地方是，考生沒有直接的生命經驗可寫，必須運用想像力和觀察力，想像自己打算開一家什麼樣的店？而開店的點子和方向則從平日我們對生活的觀察而來。要特別留意，題目關鍵字是「想」，透露出開設這一家店只需要在腦中運作即可。既然是在腦中運作，便多了一些彈性與自由，**不妨為自己想開的店，多設想一些市面上還沒有出現的服務或產品，使得它有獨特性且具競爭力。**

2. 雖說這題目沒有直接的生命經驗可寫，但我們還是可以因為自己在意的人事物而興起開店的念頭，要知道每一家店的存在都是因為人有需求啊！這時，我們必須檢視自己最有感觸的事，再從中篩選出最想開的店，並籌劃這家店該有的模樣。因為是從最有感觸的事出發，請務必為這篇文章灌注60%的感性濃度，才能真誠打動顧客的心，成功打造這家店的感人品牌形象唷！

3. 記得設計一個深刻的「意外變化」，既然是開店，當然也會有倒閉的風險，當一間店的美好雛形一一在腦中

勾勒且化為文字後，接著便要思考這家店可能潛藏什麼樣的問題？需要如何解決？文章的20%理性由此呼之欲出。

4. 我們不只要讓這家店好好活下來，從圖片資訊可得知，**開店不只是為了個人喜好而已，還必須能夠與顧客密切互動，進一步負起社會責任，創造利他、共好的可能**。因此，當我們思索並寫下利他、共好的店家信念和做法，作為文章結論，便是為這篇文章再追加調配20%的理性。

104年會考：〈捨不得〉

| 引導說明 |

　　搬家時，送出陪伴自己多年的玩具，告別每天相處的朋友；畢業時，離開熟悉的校園，向無怨付出的老師說再見……，這些時候我們總覺得依依難捨。又或者，捨不得叫醒必須上大夜班的母親，捨不得花錢，捨不得放手，捨不得先吃蛋糕上的草莓……，這些情況都讓人感到猶豫掙扎。面對難以割捨的事物，你有什麼體會？請以「捨不得」為題，寫下你的經驗、感受或想法。

**寫作攻略**

1. 找出個性取材，這一點非常重要！當年有眾多考生為了這場寫作測驗而狠心「賜死」自家阿公阿嬤，編織杜撰各種悲慘的死亡事件，惹得評分老師啼笑皆非，矯情的虛構內容不僅難以打動人心，也顯得千篇一律。記住，捨不得親人、朋友的離開，是很普遍的材料，缺乏特殊性。有考生以「捨不得別人的捨不得」為切入點而拿到六級分，還成為會考網站範文，足見個性取材的重要性。

2. 捨不得是很抽象的情緒，必須善用「意象」，以具體的畫面或物件呈現捨不得的程度與感受。此外，要多描繪自己因捨不得而產生的情緒起伏、肢體動作（很容易流眼淚……），對生活產生的諸多影響（吃不下飯、頻頻機械式地滑手機社群平台……），透過特寫這些小細節來表示自己的捨不得，更能引人共鳴。如此一來，便能順利調配40%濃度的感性唷！

3. 經營具有說服力的「變化」，描繪一個必須為「捨不得情境」按下停止鍵的關鍵瞬間。這是劇烈的轉變，需要深邃的心理細節刻畫，把內心的掙扎和衝突完整表

現出來，並寫下無論如何都要往前邁開步伐的理由，使這一段「變化」由20%濃度的感性和20%濃度的理性交錯激盪而成，展現出極為動人的張力。

4. 記得**從「捨不得」的境界進化至「捨得」的境界**，這正是再追加調配20%理性的關鍵方法！我們必須從「捨不得」的經驗中，提煉出有意義、有價值的「捨得」領悟，並尋找相應的態度和做法，明白「有捨才有得」的人生，是更好的選擇。

⼆ 偏重說理的考題攻略

自108課綱素養教育實施後，各科考試開始採以情境化、整合運用能力、及跨領域或跨學科作為命題原則，這趨勢解釋了為何最近幾年的作文引導說明多了「圖＋文」的形式，也說明為何「偏重說理」類考題特別受出題老師們的青睞。因為啊，每一個「偏重說理」類的作文題目，都像是一個情境化考題，考題素材引用生活情境或學術探究情境，出題老師是面試主考官，接受口試的學生則必須思索置身在作文題目給的情境時，自己會做出什麼判斷？提出什麼觀點？給出何種解決問題的方案？換言之，「偏重說理」類的考題，也是最能測試出考生是否具有思辨力、是否擁有獨特觀點的考題了。

要牢記，這場面試沒有一定要如何的標準答案，只有能不能成功說服他人的精采答案。重要的是檢視自己怎麼想？為什麼會這樣想？這樣的觀點能不能創造「自發、互動、共好」的可能？

寫好「偏重說理」類文章的五個關鍵如下：

1. 明確表達贊成或反對意見，絕對不要選擇「中立」派

寫作文就是為了表達我們鮮明的個性、強烈的好惡愛憎，無論贊成或反對，一定要勇敢選邊站，千萬別在作文當中說出

「都可以」、「沒差」，或是為了不得罪任何一方而選擇「中立」。要知道這些看似隨和的答案，恰恰只凸顯出自己是個沒有觀點、沒有主見，且不想承擔任何責任的人而已。

2. 萬事萬物都有正反兩面，沒有絕對完美的選項

雖說寫作必須凸顯我們鮮明的個性，但在書寫「偏重說理」類的文章時，可千萬別掉進「非黑即白」的陷阱裡。因為啊，**每一件事物都有正反兩面，這世上並不存在完美的選項，我們只能戮力朝向趨近完美的路上邁進而已**。亦即，無論我們選擇什麼立場，都要為這立場提出正反兩面的說法，讚揚它美好的地方，也別忘了檢視它不足夠的地方，並針對它存在的缺漏，進一步提出解決問題的相關態度和做法。如此一來，我們的論點才會更加完善，更具說服力。

3. 精確掌握3W，使論述更清晰、更周全

選定一個立場之後，記得運用「是什麼（What）」、「為什麼（Why）」、「怎麼做（How）」進行自我立場的論述。

A. 先談自己的立場是什麼（What）。

B. 其次談為什麼會選擇這個立場（Why），並思考它優於其他立場的理由為何。這將成為文章的論述主軸，務必要精確、周全地界定。

C. 當我們把自己支持的立論談清楚之後，緊接著必須進行文章「變化」的翻轉，也就是進入第三段「變化」的書寫。注意！我們在這一段要做的是思索我方立場可能存在的問題為何，並將它勇敢提出來進行檢視，而非變成「換邊站」的「叛徒」，揚棄本來選擇的立場奔向敵方陣營，抑或是成為兩邊都想討好的投機「騎牆派」喔！這時，**必須懂得換位思考，試著站在自我立場的對立面，想想看別人將如何質疑它、抨擊它；再加以思索要如何針對我方立場的缺漏、不足之處，提出可以怎麼做、能夠如何調整的正面態度和方法（How），這樣才能進一步鞏固自己的立場，使它趨近完美。**這一段「變化」的經營，不只能讓我方論點更為完備，也能使那些和我們意見相左的人都被說服。

4. 全文舉證不用多，重要的是能否深入詮釋事例帶給人的深刻震撼與影響

論述觀點時，必須提出事例來證明觀點的可行性。建議大家只要提出一個事例證明即可，最好以自身經歷作為舉證，唯有置身其中，才能寫出深刻的感受。也因為舉證少，我們才能爭取更多時間深入特寫，在對讀者施展「曉之以理」的理性大招同時，也順勢達到「動之以情」的感性效果。

5. 書寫結論時記得拔高視野，創造共好可能

下結論時，別忘了再次重申自己的立場，並將文章格局擴大，談談它對人生、生活或是感情的重要意義和影響，記得秉持「共好」的理念，寫出我們還可以做得更多、更好的地方。

接下來，我們將從歷屆寫作測驗考題中，挑選六個具有代表性的重要題目做攻略分析，並將其分類為「很說理」及「不只是說理」兩類，兩者的差別僅在於說理濃度的高低而已。要特別留意的是，**即使是「很說理」類的題目，也要放進感性的調味料，才能讓人讀得有滋有味喔！**

（一）很說理：說理濃度80%＋感性濃度20%

108年會考：青銀共居（不必訂題）

| 引導說明 |

請先閱讀以下資訊，並按題意要求完成一篇文章：

青銀共居，好家哉？

政府近期結合民間資源，嘗試推動青年與銀髮族共居，安排沒有血緣關係、不同年齡層、不同世代的人共享居住空間。

我平時常陪外婆看醫生，知道年長者需要照顧，但如果跟陌生的老人住，會不習慣吧？
（陳同學）

可以用比較便宜的租金入住，又有人一起聊天、看電視，滿好的！
（李小姐）

我去長青村和同年齡的朋友住，還比較自在。
（周爺爺）

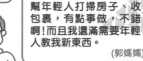

幫年輕人打掃房子、收包裹，有點事做，不錯啊！而且我還滿需要年輕人教我新東西。
（郭媽媽）

若參考上述「青銀共居」的事例，思考高齡化社會的相關議題，你對年輕人與銀髮族的互動或相處模式，有什麼期待？請就你與年長者的相處經驗，或生活周遭的觀察，表達你的感受或看法。

寫作攻略

1. 是什麼？

面對第一次得知的陌生資訊，別怕！記得仔細從圖片訊息中，找到書寫的主題和方向。

首先，**留意圖片大標題，它大多揭露書寫的主題**，大標題「青銀共居，好家哉？」意指青銀共居政策，是否能成就一個良好、優質的「家」？沒錯，這正是出題老師對考生拋出的口試情境題，亦即詢問你如何看待青銀共居政策的推動，考題雖沒有「明示」考生要提出贊成或反對這政策的立場，但建議大家還是要將自己的立場寫下來。這麼做，不僅使作文必寫重點：「你對年輕人與銀髮族的互動或相處模式，有什麼期待？」能更清楚、有條理地呈現，同時，文章主軸也能更鮮明地凸顯，不會失焦。

而無論我們贊成還是反對青銀共居，促使我們下判斷的理由一定來自平日與銀髮長輩相處的經驗，或對時下社會的觀察。因此，一開始不妨先從自己與長輩的互動細節寫起，是和樂的？還是有代溝的？喜不喜歡有長輩陪伴的日子？再將範圍擴大到自己觀察到的社

會現象，談談銀髮族的生活隱憂，或是年輕人的窮忙困境。以上的檢視，需要添加20%的感性調味料，讓文章有情感的渲染力，促使大家願意聚焦關注青銀共居政策所提出的互利互惠議題。

2. 為什麼？

細讀圖片中的四格對話框，可以整理出陳同學和周爺爺反對青銀共居，不認為它是構成一個家該有的熟悉與自在要素；而李小姐和郭媽媽則贊成青銀共居，認為它能為彼此的生活帶來互惠與互利，形塑沒有血緣關係卻充滿互補驚喜的家的可能。閱讀至此，記得問問自己，**扣除圖片提出的正反意見後，屬於我的意見又是什麼呢？**並進一步找到論述這個意見的深刻舉證，舉證務必從自我經驗出發，才能寫得動人。

3. 怎麼做？

當然，沒有一個政策是完美的，即便贊成青銀共居，它終究是缺乏信任與愛的「新」家庭模式，該如何培養信任與愛？兩個截然不同的世代又要如何磨合？當我們提出它必然存在的問題時，也必須想出相關的配套措施，來補強這個問題所造成的缺漏，使青銀共居

不只是善意的政策，更是媒合青銀世代真心互利互惠彼此的好政策。

而反對青銀共居的人，在提出這政策缺失的同時，也別忘了提供可行的修改建議，使文章不會只停留於消極的表面批評，還能有積極的建設性，也能進一步寫出更深層的見識。

4. 創造共好

無論我們贊成或反對青銀共居，都要牢記，每一個善意政策的推行、每一個被關注討論的議題，都是為了創造「共好」的社會。因此，書寫結論時，一定要懷抱著熱烈的希望，設法勾勒出能夠讓青銀兩個世代活得更快樂的態度和做法唷！

會考預示試題：〈我看「從眾實驗」〉

| 引導說明 |

請先閱讀以下資訊，並按題意要求完成一篇文章。

實驗一

　　每次實驗皆有一名受試者及六位偽裝成受試者的工作人員。實驗開始後，實驗者會向所有人展示一條標準直線X（如圖一），同時向所有人出示用於比較長度的其他三條直線A、B、C，其中有一條和標準直線X長度一樣（如圖二）。接著讓所有人說出圖二中與X長度一樣的直線。結果發現，先讓六位工作人員故意回答出一樣的錯誤答案，最後再由受試者回答時，大概有四分之三的受試者會遵從其他工作人員的錯誤答案。

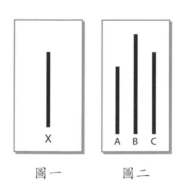

圖一　　　　　圖二

　　實驗室中有一名受試者及九位偽裝成受試者的工作人員，這九位工作人員會隨著叫號的嗶嗶聲起立再坐下，藉此觀察受試者是否會跟著起立。實驗的過程，九名工作人員會陸續離開，並加入更多的不知情人士參與。結果發現，這名受試者在第三次嗶嗶聲響起時，便跟著工作人員一同起立坐下，就算後來工作人員都離開了，這名受試者還是會隨著嗶嗶聲起立坐下，而之後加入的不知情人士也都隨著他起立坐下，變成大家跟從的準則。

　　請分析說明以上兩項實驗的共通之處，並就你的經驗或見聞為例，闡述個人的想法、見解。

寫作攻略

1. 這考題有別於以往的「生活情境」類素材，而是讓人感到陌生的「學術探究情境」類素材。不過，別擔心，雖然是陌生的實驗，但要驗證的仍然是我們熟悉的日常生活，只要大家詳讀引導說明圖文，就能找到書寫的主題和方向。仔細研讀、對照兩項實驗後，會發現它們的共通之處在於：即使沒有任何獎勵或處罰機制，人們還是會以多數人的行為作為「正確答案」，並且盲從。這裡要注意的是，我們不只要分析兩個實驗的共通處，還必須依循引導說明的規定，將這個共通處帶進作文中書寫出來唷！

2. 緊接著，以這個共通處作為起點，我們還必須把「從眾實驗」帶進日常生活中進行驗證，作為寫作的事件取材。想想看，它讓你聯想到生活中的什麼事件或奇特的社會現象呢？創作坊孩子**顏妤蓁想到日本作家辻村深月小說《鏡之孤城》中的校園霸凌事件，認為霸凌就是一種從眾現象。沈翼則認為當COVID-19疫情襲捲全球，臺灣因為假新聞炒作而爆發的「衛生紙之亂」事件，就是一種從眾現象。賴威任則指出「從眾實驗」**

與「破窗效應」其實有異曲同工之妙，我們總是習慣藉由多數人的行為來合理化自己的行為，進而使這股可怕的盲從影響力蔓延開來。這些都是很棒的取材，也都能延伸出深刻的觀點和思索。

3. 有了鮮明的個人事件取材後，接著要清楚界定為何會造成這種盲目的從眾現象？可能是對自己的選擇不夠有自信？很怕當眾犯錯、出糗？又或是深怕被同儕排擠，索性待在舒適圈裡？也許是害怕和諧感破裂，不想當那個破壞群體、引起紛爭的人？記得提出一個自己觀察、思考、判斷的論點作為書寫主軸，配合事件取材進行原因檢視。在檢視的過程中，必須停格放大自己的心理細節，亦即為文章添入20%的感性調味料，讓人深刻感受到自己選擇從眾的內心曲折。

4. 盲目的「從眾」行為所帶來的缺點和危險，很可能會釀成更大的災害或毀滅，千萬不可小覷。這時，記得承接上一段的論點，為這篇文章經營一個立體的「變化」，論述我們絕對不能從眾的關鍵理由。同時，還要思索該如何不被「從眾習慣」掌控，培養且訓練自己成為勇於獨立思考，敢於承擔，活得有自信、有特

色，且不害怕紛爭的人。

5. 書寫結論時，記得從小小的我延伸至大大的文明、世界，強調「不從眾」的人將最有機會為文明、為世界帶來更新的突破、更好的可能。

（二）不只是說理：理性濃度60%＋感性濃度40%

 111年會考：多做多得（不必訂題）

| 引導說明 |

請先閱讀以下資訊，並按題意要求完成一篇文章。

線上班級群組裡，師生正在討論園遊會：

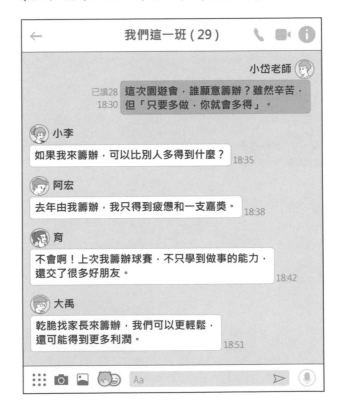

日常生活中，你可能常會聽到「多做多得」的勉勵，你或許認同，或許感到困惑，也或許有其他體會。請結合自己的經驗或見聞，寫下你對「多做多得」的感受或想法。

1. **雖說圖片訊息中的大標題，大多揭露書寫的主題，不過，也有例外的時候。**像這張圖片，呈現的是「線上班級群組的對話內容」，如果我們沒有仔細判讀，一看到大標題便以為這篇作文的重點是「我們這一班」，那可就離題啦！又或是以為「多做多得」的取材必須從「我們這一班」中寫起，那麼取材將會受限，也就彰顯不出自己的獨特個性，好可惜啊！

   記住，**判讀「圖＋文」引導說明時，圖片資訊和引導文字必須相互搭配著看，才能避免離題的遺憾。**以這考題為例，在圖片資訊出來之前，已有「線上班級群組裡，師生正在討論園遊會」的引導文字，掌握這個線索，便能得知圖片內容談的是班級同學對於「多做多得」的看法。再看圖片後的引導文字，我們會發現這仍是一個情境題，面試老師透過考題追問我們究竟認不認同「多做多得」？你想好自己的立場了嗎？

2. 認同「多做多得」者，請注意：

   A. 提領一段深刻難忘的「多做」經驗，仔細特寫放大它。這裡要特別經營「多做」時必然遇到的掙扎與

衝突，除了承受身心勞累及巨大壓力外，他人的誤解或阻力也可能接踵而至，面對逆境的衝擊，當下的心理細節為何？又是在什麼樣的關鍵契機或心的轉念下決定正視問題、突破現況？著墨這些內容時，務必添加40%的感性成分，越是直面內心的感受和想法，就越能凸顯出選擇「多做」的難能可貴之處。

B. 從中找到至少三個層次的「多得」收穫，**所謂的層次，是指由小到大、由外到內、由淺至深⋯⋯，彼此有關聯且循序漸進，一層接著一層，形成環環相扣的動人力量。**

C. 正是因為這些有層次感的「得」，使得自己願意賣力多「做」。但我們也要進一步思索，如何讓「多做」與「多得」間的掙扎和衝突少一點，以避免徒然耗損珍貴的心神和體力？我們還可以怎麼修正與調整？好讓更多的心神與體力都精準澆灌在我們想成就的事情上？

D. 最後，進一步推導出自己的深邃體悟，談談人生要「多做多得」的意義與價值。掌握住這些書寫要

點，等於充實發揮了60%的理性成分。

3. 反對「多做多得」者，請注意：

A. 從引導圖片和文字裡可得知，「多做多得」是社會主流價值，是老師經常勉勵學生的話，若採認同角度書寫，很容易發揮。而願意捨棄安全牌，**選擇反對立場的人，恭喜你，你有勇氣打破主流思考，要知道有時不按牌理出牌，反而更能創造驚人的寫作佳績！**不過前提是，我們反對多做多得，可不是因為我們想偷懶、想卸責、想等待別人多做好讓我們多得。要記住，**寫作是我們的人格特質展現，我們所書寫的材料必須禁得起所有人的檢視。**

B. 要反對社會主流價值，得先提出一個值得所有人反思的「多做未必多得」或「多做反而多災」的事件，最好從自己的生命經驗出發，才能寫得深邃刻骨，將40%的感性成分淋漓盡致地發揮，以引起讀者共鳴。

C. 接著，在文章中灌注60%的理性，進一步界定影響「多做不等於多得」的關鍵主因為何，並思索「做」與「得」之間，應該要有什麼樣的前提與原則，才

能提高「多做多得」的可行性。

4. **書寫結論，即是書寫我所期待的世界樣貌。**因此，無論贊成還是反對「多做多得」，我們都要提出創造人我共好的態度與做法，為世界點一盞希望的燈。

| 引導說明 |

請先閱讀以下提示，並按題意要求完成一篇文章。

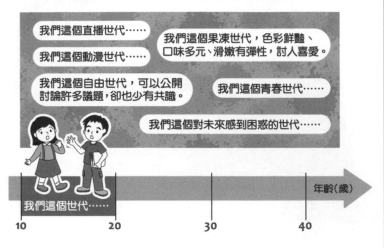

我們這個直播世代……

我們這個動漫世代……

我們這個果凍世代，色彩鮮豔、口味多元、滑嫩有彈性，討人喜愛。

我們這個自由世代，可以公開討論許多議題，卻也少有共識。

我們這個青春世代……

我們這個對未來感到困惑的世代……

我們這個世代……

年齡(歲)

10　　20　　30　　40

　　每個世代都有其關注的事物、困擾的問題，或是對未來的想像，構成了各個世代的精采面貌。你覺得自己的這個世代有什麼樣的特質？這些特質也許是刻板印象，也許是你身處其中的真實觀察。請以「我們這個世代」為題，寫下你的經驗、感受或想法。

1. 清楚想出「我們這個世代」的特質後，必須精準且漂亮的界定它。

   像圖片資訊提供的「果凍世代」，正是一個意象呈現，果凍很具體，象徵這個世代擁有「鮮豔多元的樣貌，十分討人喜愛」的抽象特質。記住，越是抽象的定義，越要用具體的畫面來呈現，方能使它深入人心，留下深刻印象。

   參與107年會考的創作坊孩子蘇祐暉用鮮明意象界定世代特質，她以具體的「大門的辨聲感應裝置」，詮釋所屬世代的抽象特質「我們身上都裝設人聲辨識系統，只對同儕敞開心扉，卻對長輩保持緘默，造成世代溝通的困境」，作為文章開頭的精采畫面。緊接著，她更讓這精緻的世代意象穿走全文，巧妙地一層層帶出她想表達的論點和感情，在眾多作文考卷中脫穎而出，不只順利拿下六級分的好成績，還幸運獲選為國中教育會考網站上的六級分作文範本呢！

   一個精采的觀點，若能運用文學意象包裝它，將能使文章變得更具個性，也更有文學感。切記，意象經營

不用多，一個就夠了，重要的是要能讓那一個意象貫穿各段，使文章主軸力量更加集中、統一，而且還能達到首尾呼應的效果。

2. 透過自我的深刻生命經驗揭露，強調我們這個世代所屬的特質，並談談因這特質而帶來的優勢。要注意，這優勢必須是其他世代所明顯缺乏的，才能顯得格外獨特、不可被替代。

3. 沒有一個世代是天生完美無缺的，它有優勢之處，必然也存在著因這優勢而衍生的相關問題和缺失，那會是什麼呢？而我們又該如何面對？記得提出活得更好的相應態度和做法。

4. 結論則要拔高視野，思索該如何運用我們這個世代的優點，創造與其他世代共好的可能。

會考預示試題：〈我看網路世界中的人際互動〉

| 引導說明 |

　　隨著科技進步，網路成為人際互動的主要途徑之一，也衍生許多的特殊現象：有人以視訊和遠方親友保持聯繫，情誼因此得以熱絡長久；有人因為上傳個人影片而一夕爆紅，瞬間成為舉世熱搜的對象；有人只是想要留言向好友取暖，卻遭陌生人群起謾罵攻擊；也有人透過網路號召行動，更迅速集結眾人力量，將物資送給需要的人⋯⋯。請以你的經驗或見聞為例，寫下你對網路世界中人際互動的感受或想法。

寫作攻略

1. 題目關鍵字是「人際互動」，無論打算書寫哪一種類型的網路世界運用，切記，範圍一定要緊扣「人際互動」議題，進行深入討論，文章才不會離題。

2. 這一次，我們不以「自身經驗」作為事例，改以「自己的見聞」作為主要材料，目的是想讓大家明白：我們因為熟悉自身經驗，自然能詮釋得較生動淋漓，也較能說服他人；但，我們也有可能缺乏題目所要求的經驗而不知從何下筆，這時平日累積的見聞、對社會時事的觀察與關注，便顯得非常重要了。雖然不是親身經歷，但仍可以將它視為一則情境考題，試著發揮同理心，進行換位思考，設身處地想想如果這情境發生在我身上，我會怎麼想？又該怎麼做？

3. 以我的見聞——「壽司郎之亂」社會事件取材為例：
   我們以2023年1月底震驚日本的「壽司郎之亂」為例，一名日本17歲的高中生透過IG限時動態，上傳自己用舌頭舔食壽司郎（日本著名連鎖迴轉壽司店）的公用醬油瓶口影片，沒多久這支影片被朋友轉發至其他公開的社群平台後，澈底震盪日本民眾對食安問題的憂

慮。短短數天，壽司郎的市值蒸發近170億元日幣（約臺幣38億元），後來該名高中生被網友肉搜起底導致退學，壽司郎也對該生父母提告且求償天價，那是終其一輩子都還不完的巨額債務。隨後，臺灣也出現類似的模仿影片，店家各個人人自危，紛紛祭出相關措施防堵。值得注意的是，那名17歲的高中生並非該類型影片的始作俑者，早在年初，TikToK及IG限動已有「夾食他人壽司」的不衛生影片被網友們爭相點閱，且帶動一股拍攝「更不衛生吃法」影片的模仿熱潮。

4. 從這則社會事件中，帶出幾個值得思索的問題：

A. 明知這是會引來眾人非議的影片，為何仍舊會有人想要跟風實驗，並且上傳影片至網路社群平台？

→ 渴望被更多熟悉的人、陌生的人看見，感覺自己很有存在感，敢做別人不敢做的事。

B. 那位17歲高中生將影片放在有時效性的IG限動上，代表他或許只是想短暫炫耀自己，過過被朋友崇拜的癮而已，也許他並沒有要昭告全世界的意思。如果他有自知之明「見好就收」，那他的朋友究竟是懷著什麼心態將影片轉傳出去？

→ 只在網路世界裡交集的朋友是否值得信任？如果那位轉傳的朋友也是真實世界的朋友時，我們不禁想問這世界上真有真情相待、且懂得將心比心的朋友嗎？又或者，是不是只要觸及了可以自由匿名的虛擬網路世界，能夠安全出風頭的巨大誘惑便隨即產生，連真實生活的友誼也會瞬間扭曲、變質？

C. 壽司郎之亂究竟破壞了什麼？為什麼會有這麼嚴重的市值蒸發後果？

→ 這事件引起所有外食族的恐慌，尤其是疫情尚未結束的此時此刻，它嚴重破壞了人與人之間的信任感，包括我們以為吃迴轉壽司很安全，我們以為日本人很愛乾淨、很守規矩。而當這樣的信任感被破壞殆盡後，人與人之間不再有互相尊重的默契，只會投以質疑的眼光、不信任的口吻，只要我們一踏出家門，便覺得到處都是戰場，處處都是可怕的敵人，隨時會有一場危險的戰役發生。

D. 壽司郎之亂還歷歷在目，為何臺灣還有人躍躍欲試地想跟進模仿？

→ 可對照 A 提問思考，那些想一夕成名的渴望不分國

界，經常凌駕於道德和理性之上，使我們做出毫無
判斷力的失控行為。

面對每一則時事新聞或社會現象，我們都可以做這
樣的相關思考，提出自己感到疑惑的問題，並針對
它思索自己的解答，再從中推論出這件事帶來的重
要啟示和提醒。經常做這樣的練習，我們的頭腦會
越練越敏銳、越聰明唷！論述能力也會越來越條理
分明、顯得有層次感。

5. **取材社會事件時，只需簡單扼要交代事件概括即可，
更重要的是把書寫重心放在我如何看待這件事？我的
感受為何？我有什麼樣的建議？**選擇一個自己最想關
注的問題點深入探究。如果是負面的事件取材，在批
判的同時，別忘了提出解決問題的方法與相關的心態
調整。以「壽司郎之亂」為例，若我們將前述第4點的
C作為切入點書寫，則必須思考已被破壞的人際信任
感，該如何重新建立？我們該擁有什麼樣的自覺，或
抱持什麼樣的態度來修復人與人之間的信任裂痕？改
變的第一步可以從生活中的什麼地方做起？當我們把
這些提問的答案都寫下來，那麼這一則負面事件取

材，便有了存在的意義。而如果是正面的事件取材，
在竭盡所能肯定的同時，也要記得思索可能產生的潛
在問題，並針對這問題，找到補救的態度和做法。

6. 結論則扣回自己，談談在虛擬網路與真實人際互動之
間，該保持怎樣的原則與距離，才能活得更好，也活
得更自在。

|引導說明|

請先閱讀以下資訊，並按題意要求完成一篇文章。

下列是近年來<u>臺灣</u>民眾最喜愛的影劇類型統計：

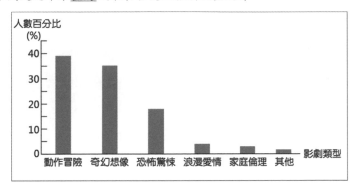

文章整體內容包含：

一、對於上列圖表顯示的類型喜好，簡要說明你的理解是
　　什麼？

二、將這樣的理解結合你的經驗或見聞，寫下感受或想
　　法。

◎你對上列圖表的理解，可以是針對某一類型的解讀，例
　如：浪漫愛情電影仍有人喜愛，因為滿足了人們的期
　待；也可以是多個類型的比較，例如：和家庭倫理劇相
　比，更多人喜歡刺激的恐怖驚悚劇；或者是其他的想
　法。

寫作攻略

1. **背景：先提出對圖表的理解，再表達當下的心理細節**

   當我們看到這張「臺灣民眾最喜愛的影劇類型統計」圖表後，必須先確認「我看到什麼事實」，並將它寫下來；緊接著，同理思考「為什麼臺灣人喜愛的影劇類型會有這樣的呈現結果」，推論出可能的原因；最後，才是表達「我在得知這個事實後的情緒和感受」，談談自己喜歡與否或認同與否。

   面對這類必須將「判讀訊息的結果」寫進作文中的考題時，我們務必掌握一個寫作要領：**先學會同理他人、懂得換位思考，才能順利進行訊息的判讀和推論。**

2. **細節＋變化：帶入觀賞影劇的生活經驗，進行有層次的自我觀點論述**

   根據引導說明可知，判讀圖表後的書寫方式，可大概分為三類，在此僅以創作坊孩子的作品為例，談談他們的文章切入點及書寫主軸，並看看他們如何推翻前文觀點，經營強烈的文章「變化」，寫下更有層次也更深邃的感受和見識。此外，在論述自己的觀點時，記得放進相關的觀影、觀劇經驗加以舉證，好豐富文章

內容。

A. 針對一個類型，進行解讀和延伸：

〔細節〕

創作坊孩子楊舒寒對「動作冒險」影劇類型作品最受歡迎的結果，一點也不意外。她認為我們的真實生活猶如樂高積木，規規矩矩地堆疊出每一個人該有的樣子，而這類動作冒險的聲光刺激作品很能夠帶著我們跳脫日常規範，專注感受那些英雄角色做了我們平常根本不可能做到的事、挑戰我們平常不敢碰觸的界線。這對日復一日過著重複、呆板生活的我們而言，無疑是一大刺激與救贖。

〔變化〕

當我們過度沉迷於「動作冒險」片時，很容易以為所有的規矩都是用來打破的，而變得焦躁暴力，有時還會落入為了反對而反對的處境卻不自知。事實上，有許多規矩都是通過歲月及時代的考驗而留下來的，代表它對人類而言是必要且重要的存在秩序。因此，我們如果真想要跳脫真實生活的束縛，走出舒適圈嘗試不一樣的可能，不如先從生活的一

點點小改變開始，一樣能夠獲得刺激與快樂。

B. **類型與類型之間的比較和延伸：**

〔細節〕

創作坊孩子廖浚亞則探討為何「動作冒險」會比「奇幻想像」影劇類型作品更受歡迎。浚亞認為關鍵在於這兩類的英雄人物設定，有很大的差異。「奇幻想像」的英雄人物設定，大多跳脫我們對人類的想像，他們幾乎都是超能力者，有著我們即使努力追逐一輩子也不可能到達的境界，那是一條很難跨越的鴻溝距離。而「動作冒險」的英雄人物設定剛好相反，他們和我們一樣都是普通人，是透過嚴格的鍛鍊而成為身懷絕技的高手，他們的存在凸顯出人類強悍的一面，也使身為觀眾的我們可以輕易代入、想像英雄人物的處境，甚至還能投射我們對自身未來的期許。

〔變化〕

那些「動作冒險」片及「奇幻想像」片再精采絕倫，終究也只是滿足自己一時的想像而已。我們除了汲取影劇中的熱血力量外，也別忘了好好凝視現

實中的自我生活，明白我們的生活也有可貴之處。對那些電影中的英雄人物而言，我們的平凡生活正是他們最嚮往卻不可得的和諧與安寧。

C. **其他：**

〔細節〕

創作坊孩子童宥銓先聚焦談「動作冒險」影劇類型作品最受歡迎的原因，他認為看「動作冒險」片時，像是在高速公路飆車一樣，會帶給臺灣人強烈的刺激與快感，能滿足人們放假時想嚐鮮獵奇的渴望，感覺自己活得和平日不同，有一種充實感。

〔變化〕

但長期處在緊張冒險、快速闖關的高壓情況下，人必然會吃不消，也容易忽略讓生活步調慢下來的重要性。這時，我們必須看看臺灣人較少觀看的「浪漫愛情」片，在體驗高速飆車之後，我們也需要緩步行走，讓輕風流過身體、讓花香駐足鼻尖，感受慢活的生活樂趣。

3. **結論：從影劇人生扣回真實人生**

文章寫到最後，記得進一步拔高視野，將自己從圖表

中觀察到的「影劇人生」體會，延伸至我們的「真實人生」，談談自己對真實人生的深刻領略，使文章的格局更加寬闊。

〔舒寒的結論〕

現代人要跳脫舒適圈，其實可以不用像「動作冒險」片的英雄那般瘋狂、離經叛道。當我們試著創造生活中的一點點小改變，慢慢地捏塑出生活的新樣貌時，我們的人生也會開始有不一樣的變化。那時的我們也正是改變自我人生、甚至影響他人人生的英雄角色。

〔浚亞的結論〕

在看完「動作冒險」及「奇幻想像」的影劇作品後，我們回望自己的真實生活，必能感受到一種寧靜的幸福。我們的人生故事都是獨特的，要好好珍惜現在擁有的一切，學習放大它並享受它。

〔宥銓的結論〕

不只看電影需要注意「動作冒險」及「浪漫愛情」之間的平衡，我們的人生也需要平衡，過猶不及都不是好現象。唯有時而快時而慢地穿走人生之路，才能活得有滋有味。

⊜ 我的學習筆記

　　記錄從112年以後的會考或學測作文題目，並加入自己的心得和附註：

結語

越熱烈沉迷一件事，越能寫出精采作文

📝 給孩子的本書使用說明書

當大多數的國三孩子倒數會考日子來臨，竭盡所能只為再多榨出一點時間讀書時，創作坊孩子蔡昀珊很不一樣，她持續做著會讓自己感到快樂的事——看電影。唯一的小小「妥協」是她將一部電影分段看完，趁著吃飯、休息及任何一個零碎的空檔時間觀看，一整年，她看了200部電影。那一年，她順利考上第一志願，且拿下會考作文六級分的佳績。

昀珊回想起在國一時看了人生的第一部電影後，彷彿命中註定般的相遇，再也無法移開她對電影的關注目光。考完國中會考後的暑假，她帶著美夢終於成真的快樂，遠赴洛杉磯參加UCLA為期四週的電影營隊，萬萬沒想到自己竟成為整個營隊中語言溝通最有問題、經驗最不足又最搞不清楚狀況的人。她如願以償接生人生的第一次拍片經驗，卻也是第一次面臨這麼多接踵而來的考驗和挫折。

狼狼過也歡笑過的昀珊回臺後，加入新竹實驗高中的微電影社，執導一部話劇，又在寒假時，前往紐西蘭參加英語課程，只為了更深一層琢磨自己的語言能力。高一下學期，她和電影社夥伴參加TOEIC獎學金計畫，在比案的過程中脫穎而出，並將得到的獎學金，在暑假籌辦了「2015青少年英語電影營」公益營隊。頭一次，她感受到自己的存在意義與價值，可以用熱愛的事回饋給這個世界！

　　看完昀珊因沉迷電影而展開的每一場冒險旅程，是不是覺得很熱血沸騰呢？

　　我偏執地以為，人要這樣活著才更有滋味。當人越是熱烈沉迷一件事，越有機會寫出精采作文。記得找到一件自己能樂在其中的事，熱烈沉迷它、享受它，甚至讓它成為寫作的主題，隨著不同的作文題目催生出不一樣的書寫角度和重點，這也會是一場很有意思的寫作遊戲喔！

　　當我們穿上熱烈沉迷的翅膀翱翔在自我世界，逐漸熟悉寫作的要領後，也別忘了回頭看看其他人，像昀珊一樣，把自己喜歡的事和更多人分享，形成美好的力量。這時，我們需要懂得「換位思考」，唯有站在對方的立場思考對方需要什麼，才能把想傳達的心意順利分享出去，創造人我共好的同時，不僅拔高了我們的視野和格局，也有助於深化文章內容唷。

給家長的本書使用說明書

這本書所收錄的創作坊孩子作品，全都是創作坊家長以「長時間的陪伴」和「超大方的讚美」換得的。

孩子們能如此優秀綻放自我，來自於我們願意投注漫長的陪伴，與不設門檻的讚美。

陪伴的過程，要很有耐心，也需要配備「容錯」的能力，因為孩子的學習情況會起起伏伏，並不會一路突飛猛進。當心中有質疑的聲音冒出時，記得放大孩子曾經表現很好的切入點或佳句，哪怕是一個再小不過的字詞用得很剛好，都值得給予讚美，都值得告訴自己再等一等，再等一等……。唯有透過家長的耐心灌溉，孩子才能在安心、友善的環境下，勇敢綻放自己，書寫自己的故事。

給老師的本書使用說明書

這本書所收錄的創作坊學生作品，全都是創作坊老師以「內容＞結構＞修辭」的教學原則所換得的。也就是說，孩子想傳達的「內容」，是我們優先看重的地方，因為，無論學生們的作品是真實還是虛構，可以確定的是，那都是他們很想說的話。

唯有當學生有話想說時，書寫作文才具有意義。

　　因此，帶領初學作文的學生投入寫作時，請謹記：「寫什麼」永遠比「怎麼寫」來得更加重要，亦即「內容＞形式」。這時，老師要放下對華麗辭藻的堅持，放下要在文章中必須使用很多成語的堅持（一篇文章使用3到4個成語便已足夠，學生的作文要用學生的句子去描繪，而非古人的）。唯有如此，學生的感覺與想法才能獲得鬆綁，自由地展現出鮮活燦爛的自我。當學生懂得創意取材、聚焦特寫生命切片後，我們才開始進一步要求「結構」，最後才要求最容易速成的「修辭」。

國家圖書館出版品預行編目(CIP)資料

滿級分作文煉金術：擺脫千篇一律的寫作模式,寫出亮眼好文章
/ 陳禹安著. -- 初版. -- 新北市：大樹林出版社, 2024.01
　　面；　公分. -- (閱讀寫作課；5)
　ISBN 978-626-97814-3-0 (平裝)

1.CST: 漢語教學 2.CST: 作文 3.CST: 寫作法 4.CST: 中等教育

524.313　　　　　　　　　　　　　　　112019060

大樹林學院
www.gwclass.com

最新課程 New！
公布於以下官方網站

系列／閱讀寫作課 05

滿級分作文煉金術
擺脫千篇一律的寫作模式，寫出亮眼好文章

作　　　者／陳禹安
總 編 輯／彭文富
編　　　輯／賴妤榛
校　　　對／楊心怡
插　　　畫／陳之婷 [第24頁插畫]
封 面 設 計／木木LIN
排　　　版／菩薩蠻數位文化有限公司
出 版 者／大樹林出版社
營 業 地 址／23357 新北市中和區中山路2段530號6樓之1
通 訊 地 址／23586 新北市中和區中正路872號6樓之2
電　　　話／(02) 2222-7270・傳　　真／(02) 2222-1270
E - m a i l／notime.chung@msa.hinet.net
官　　　網／www.gwclass.com
FB 粉絲團／www.facebook.com/bigtreebook
發 行 人／彭文富
劃 撥 帳 號／18746459　戶名／大樹林出版社
總 經 銷／知遠文化事業有限公司
地　　　址／222 新北市深坑區北深路三段155 巷25 號5 樓
電　　　話／02-2664-8800　　傳　　真／02-2664-8801
初　　　版／2024年01月

定　　　價／320元　港　幣／107元
I S B N／978-626-97814-3-0

大樹林学苑—微信

課程與商品諮詢

大樹林學院 — LINE